Werner Freitag

Leistung messen und beurteilen im Fach Musik

Musteraufgaben, Bewertungshilfen, Praxistipps

BEWERTUNG

SINGEN

MUSIZIEREN

VERKLANGLICHEN

HÖREN

BEWEGEN

...

Auer Verlag

Quellenverzeichnis Audio-CD:

HB 5, 7, 15: „Das Zookonzert. Eine sinfonische Geschichte für die ganze Familie" von Marko Simsa, mit Musik von Erke Duit (P) Jumbo Neue Medien & Verlag Gmbh (Edel)

HB 17, 18, 21: „Die Entführung aus dem Serail", auf „Mozart: Die Entführung aus dem Serail", Josef Krips (P) EMI Classics

HB 18, 21: „Carmen", auf „Bizet: Carmen" von Jessye Norman, Orchestre National de France, Dirigent: Seiji Ozawa (P) Philips (Universal)

HB 25: „Der Freischütz" von Carl Maria von Weber, auf „Carl Maria von Weber: Der Freischütz, Staatskapelle Dresden Sir Colin Davis" (P) Universal Music Classics & Jazz

Die Vorlagen auf CD-ROM sind optimiert für Microsoft Word 2000/2003.

Gedruckt auf umweltbewusst gefertigtem, chlorfrei gebleichtem
und alterungsbeständigem Papier.

1. Auflage 2013
Nach den seit 2006 amtlich gültigen Regelungen der Rechtschreibung
© Auer Verlag
AAP Lehrerfachverlage GmbH, Donauwörth
Alle Rechte vorbehalten
Das Werk und seine Teile sind urheberrechtlich geschützt. Jede Nutzung in anderen als den gesetzlich zugelassenen Fällen bedarf der vorherigen schriftlichen Einwilligung des Verlages. Hinweis zu § 52 a UrhG: Weder das Werk noch seine Teile dürfen ohne eine solche Einwilligung eingescannt und in ein Netzwerk eingestellt werden. Dies gilt auch für Intranets von Schulen und sonstigen Bildungseinrichtungen.
Illustrationen: Corina Beurenmeister
CD-Pressung: optimal media production GmbH, Röbel/Müritz
Satz: Typographie & Computer, Krefeld
Druck und Bindung: Kessler Druck + Medien, Bobingen
ISBN 978-3-403-**06868**-6

www.auer-verlag.de

Inhalt

A Theoretische Grundlegung

1 Einige Gedanken zum Leistungsbegriff .. 4

2 Leistungserbringung im Fach Musik 5

3 Leistungsmessung im Fach Musik 6
3.1 Der Beobachtungsbogen 6
3.2 Die schriftliche Lernkontrolle 7

4 Leistungsbeurteilung im Fach Musik 8
4.1 Die Beurteilung durch den Beobachtungsbogen 9
4.2 Die Beurteilung durch die schriftliche Lernkontrolle 9
4.3 Die Leistungsbeurteilung im Überblick 11

5 Die Begleitung des Lernprozesses 12
5.1 Das Lerntagebuch 12
5.2 Der Lernvertrag 13

B Praxis der Leistungsmessung und -beurteilung

1 Beobachtungsbögen für die Klassen 1–4 14
Beobachtungsbogen für Klasse 1 14
Beobachtungsbogen für Klasse 2 16
Beobachtungsbogen für Klasse 3 18
Beobachtungsbogen für Klasse 4 20

2 Schriftliche Lernkontrollen für die Klassen 3 und 4 22

2.1 Rhythmusinstrumente (3. Kl.) 22
Die Lernstandserhebung 22
Die Unterrichtseinheit 23
Die Lernkontrolle 27
Die Leistungsbeurteilung (Beispiel) 29

2.2 Tiere in der Musik (3. Kl.) 33
Die Lernstandserhebung 33
Die Unterrichtseinheit 34
Die Lernkontrolle 39
Die Leistungsbeurteilung (Beispiel) 41

2.3 Wolfgang Amadeus Mozart (4. Kl.) 45
Die Lernstandserhebung 45
Die Unterrichtseinheit 47
Die Lernkontrolle 51
Die Leistungsbeurteilung (Beispiel) 53

2.4 Musik kann etwas erzählen (4. Kl.) 58
Die Lernstandserhebung 58
Die Unterrichtseinheit 60
Die Lernkontrolle 63
Die Leistungsbeurteilung (Beispiel) 65

2.5 Musizieren nach Notation (4. Kl.) 70
Die Lernstandserhebung 70
Die Unterrichtseinheit 72
Die Lernkontrolle 78
Die Leistungsbeurteilung (Beispiel) 80

3 Vorlagen zur Begleitung des Lernprozesses 85
Das Lerntagebuch 85
Der Lernvertrag 86

Anhang
Verzeichnis der Kopiervorlagen 87
Verzeichnis der Dateien auf CD-Rom 87
Verzeichnis der Hörbeispiele 88

A1 Einige Gedanken zum Leistungsbegriff

In der pädagogischen Fachdiskussion[1] wird die traditionell produktorientierte Ausrichtung von Unterricht eher kritisch betrachtet zugunsten einer Schule, die den Prozesscharakter von Bildung und Erziehung betont.
Der Begriff „Bildungsstandards" – Symbol für Produktorientierung – bezieht sich auf ein wünschenswertes Niveau, das die Schüler[2] zu jeweils bestimmten Zeiten erreichen sollen.
Die Bildungsstandards werden durch Kompetenzen näher definiert, die sich durch die Fähigkeit, die Bereitschaft sowie die tatsächliche Umsetzung von bestimmten Aufgabenstellungen auszeichnen. Da allgemein gefasste Kompetenzen jedoch nicht direkt messbar sind, werden performance-orientierte Aufgaben zur Feststellung des Lernstandes formuliert.

In der Tat scheint es eine negative Korrelation zwischen Leistungsmessung – im herkömmlichen Sinn – und dem Aufbau von Lernmotivation zu geben.
Viele Pädagogen empfinden dies wegen der oftmals zu Recht befürchteten negativen Auswirkungen auf die weitere Schullaufbahn als problematisch.
Bartnitzky/Christiani stellen in etwas überspitzter Form den pädagogischen dem unpädagogischen Leistungsbegriff gegenüber.

> Danach liegt ein **unpädagogischer Leistungsbegriff** vor,
> - „wenn Schulleistungen ausschließlich an (Klassenarbeits-)Ergebnissen gemessen werden, unabhängig von deren Zustandekommen: **Orientierung an einem messbaren Produkt**;
> - wenn soziale Lern- und Arbeitsprozesse vernachlässigt werden und stattdessen rivalisierendes Lernen hingenommen oder gar bevorzugt und der Leistungsvergleich (z. B. mittels eines Notenspiegels) betont wird: **Orientierung am Konkurrenzprinzip**;
> - wenn Schulversagen als gegeben akzeptiert wird und entsprechende Selektionsmechanismen in Kauf genommen werden: **Orientierung an der Auslese**."[3]

> Der **pädagogische Leistungsbegriff** hingegen ist nach Bartnitzky/Christiani orientiert
> - „am individuellen Lern- und Entwicklungsprozess des Kindes (statt ausschließlich an Lernprodukten),
> - an der sozialen Dimension des Lernens (statt an konkurrierendem und rivalisierendem Lernen),
> - an den Grundsätzen des Ermutigens und Förderns (statt an Auslese)".[4]

---

[1] Vgl. Schäfer-Lembeck, H. U. (Hg.): Leistung im Musikunterricht. Beiträge der Münchener Tagung 2008, München 2008.
[2] Aufgrund der besseren Lesbarkeit ist in diesem Buch mit Schüler auch immer Schülerin gemeint, ebenso verhält es sich mit Lehrer und Lehrerin etc.
[3] Bartnitzky, H./Christiani, R.: Zeugnisschreiben in der Grundschule, Düsseldorf 1994.
[4] Bartnitzky, H./Christiani, R.: Zeugnisschreiben in der Grundschule, Düsseldorf 1994.

Im Gesamtrahmen von Förderung, Ermutigung sowie Persönlichkeitsstärkung ist Leistungsmessung nach wie vor aus folgenden Gründen unumgänglich:
- Lehrer müssen Schule so nehmen, wie sie sich im Moment darstellt, nämlich als Spiegel einer Gesellschaft, die Leistungsnachweise verlangt.
- Unterrichtende stehen unter Handlungsdruck und können bestimmten Verpflichtungen (z. B. Noten zu geben) nicht ausweichen.
- Schüler erwarten eine Rückmeldung über das Geleistete.
- Lehrer sind verpflichtet, diese Ergebnisse in Zensuren (oder einer zusammenfassenden Beurteilung) festzuhalten.
- Eine damit verbundene Rückmeldung über den Unterricht kann ggf. zu Veränderungen von inhaltlichen oder methodischen Aspekten führen.

A2 Leistungserbringung im Fach Musik

Der Musikunterricht in der Grundschule erfüllt wesentliche Aufgaben im Rahmen schulischer Bildung und Erziehung. So soll der Unterricht insbesondere folgende **Kompetenzen** anstreben:
- das Finden der eigenen Singstimme,
- den Umgang mit Elementarinstrumenten,
- das Umsetzen von Musik in einfache Bewegungsfiguren,
- das sensitive Unterscheidungsvermögen beim Musikhören,
- die Orientierung an Notation,
- die Freude an der Bewegung, am Singen sowie am Musizieren,
- die Kreativität in allen musikbezogenen Bereichen,
- die begründete Meinungsbildung in Bezug auf musikalische Sachverhalte.

Das Erwerben, Üben und Anwenden dieser Kompetenzen zeigt sich in einer Vielzahl unterschiedlicher Leistungen der Schüler im Unterricht. Diese bilden die Grundlage für die Messung und Beurteilung.

Mündliche Leistungen:
- das aktive Teilnehmen am Unterrichtsgespräch,
- das Präsentieren einer eigenen Arbeit,
- das Erläutern von Einzelheiten eines Musikstücks,
- die begründete Geschmacksentscheidung für ein bestimmtes Musikstück,
- …

Musikpraktische Leistungen:
- das Darbieten eines kleinen Tanzes in einer Gruppe oder mit einem Partner,
- das Nachklatschen eines vorgegebenen Rhythmus,
- das Musizieren einer eingeübten Melodiestimme auf einem Instrument,
- das Singen eines Liedes, allein, mit einem Partner oder in einer Gruppe,
- das Verfolgen des Verlaufs einer Notation zu einer eingespielten Musik,
- das Umsetzen einer Klanggeschichte,
- das Identifizieren von Instrumenten am Klang,
- …

Schriftliche Leistungen:
- das Ausfüllen eines Arbeitsblattes,
- das Lösen eines Quiz,
- das Erstellen eines Posters,
- das schriftliche Wiedergeben von Sachwissen,
- das Darstellen von Notationen,
- das Ankreuzen von Einschätzungs- und Beurteilungskriterien,
- das Anfertigen einer Musikmappe,
- …

Sonstige Leistungen:
- das Erstellen eines Posters,
- das Organisieren einer musikalischen Aufführung,
- das Zusammenarbeiten mit anderen Schülern,
- das Mitbringen der eigenen Lieblingsmusik,
- das aufmerksame Anhören von Hörbeispielen,
- das Erfinden einer Klanggeschichte,
- …

A3 Leistungsmessung im Fach Musik

Es wird deutlich, dass sich Musikunterricht als ein Komplex von kognitiven, emotionalen, psychomotorischen und sozialen Komponenten in einigen wesentlichen Aspekten einer objektiven Leistungsmessung und -beurteilung weitgehend entzieht und daher auf die professionelle Hilfe von gut ausgebildeten Lehrkräften angewiesen ist, die gegebenenfalls einen Spielraum zur Leistungsbeurteilung ausschöpfen.

Der Verzicht auf die Einbeziehung der kreativen und ästhetischen Momente des Musikunterrichts würde eine unzulässige Verkürzung um wesentliche Inhalte bedeuten.

A3.1 Der Beobachtungsbogen

Der Beobachtungsbogen im Musikunterricht ist ein Instrument, mit dem die Lehrkraft „aus dem Hintergrund heraus" – also ohne direktes Abfragen – Beobachtungen über die Leistungen der Schüler in einer Checkliste festhält.

So können die Leistungen der Schüler ermittelt und festgehalten werden, ohne sie direkt mit Leistungsanforderungen zu konfrontieren.

Sie sind besonders für die Messung mündlicher, praktischer und sonstiger Leistungen geeignet.

In diesem Buch wurde für jeden der vier Grundschuljahrgänge ein spezieller Beobachtungsbogen entwickelt (S. 14–21), der sowohl verändert als auch über den betreffenden Jahrgang hinaus verwendet werden kann. Auf der beiliegenden CD-Rom stehen die Bögen zur Bearbeitung zur Verfügung.

Der Beobachtungsbogen ist wie folgt angelegt:
- Er beinhaltet die wesentlichen **Kompetenzen** des Faches (Sich Bewegen, Singen, Musizieren, Verklanglichen und Hören). In ihnen sind natürlich auch kreative und gestalterische Aspekte sowie die Fähigkeit zur Visualisierung durch Notation enthalten. Zusätzlich ist eine Kategorie integriert, welche speziell die Fähigkeit der Schüler einschätzen soll, ihre musikalischen Ergebnisse selbst zu beurteilen.
- Er stellt bei jeder Kompetenz einen **Aspekt** in den Mittelpunkt, der für eine angemessene Beurteilung aussagekräftig ist, z. B. Beschreibung des musikalischen Ausdrucks eines Musikstücks, Fähigkeiten im rhythmischen und melodischen Bereich, Kenntnisse von Instrumenten usw.
- Er umfasst **Beurteilungskriterien**, die in dreifacher Stufung den Wissens- und Könnensstand der Schüler feststellen. Die Kriterien umfassen jeweils einen Aspekt der Kompetenz, um die Vergleichbarkeit sicherzustellen. Die Notengebung bewegt sich im Rahmen der Zensuren 1 bis 3.

Der Beobachtungsbogen ist als ein Vorschlag zu verstehen, wie mündliche und musikpraktische Leistungen mit einigermaßen treffsicheren Kriterien gemessen werden können. Er kann bei der praktischen Arbeit natürlich je nach Bedarf reduziert oder verändert werden.
Wird der gleiche Aspekt zu verschiedenen Zeitpunkten oder bei unterschiedlichen inhaltlichen Themen gemessen, kann in der Spalte das Datum notiert und am Ende des Beobachtungszeitraums (Halbjahres) ein Durchschnittswert berechnet werden.

Durch dieses Verfahren
- wird eine strukturierte Beobachtung der Schüler möglich.
- wird die Erfassung von musikpraktischen und mündlichen Leistungen erleichtert.
- wird den Schülern Leistungsdruck genommen.
- entsteht eine Grundlage, um den Schülern Feedback zu geben.
- werden die Stärken und Schwächen und damit der Förderbedarf des einzelnen Schülers offensichtlich.
- wird der Leistungsstand der gesamten Klasse deutlich.
- erhält der Lehrer Hinweise zur Veränderung seines Unterrichts.

A3.2 Die schriftliche Lernkontrolle

Lernkontrollen sind in der Regel auf eine bestimmte Lerngruppe, den durchgeführten Unterricht und einen begrenzten thematischen Rahmen bezogen. Sie sind im Gegensatz zu standardisierten Tests informell, d. h. sie genügen in der Regel nicht den üblichen Gütekriterien und sind auf die didaktische Professionalität der Lehrkräfte angewiesen.
Sie dienen in der 3. und 4. Jahrgangsstufe neben den Beobachtungsbögen der Leistungsmessung in Schriftform.

Zu unterscheiden sind:
- Lernkontrollen, welche die Lernausgangslage im Sinne einer **Lernstandserhebung** zu Beginn einer Unterrichtseinheit feststellen – hier werden die Leistungen gemessen, die in einer vorherigen Unterrichtseinheit erzielt oder außerschulisch erworben wurden (Vorwissen der Schüler)
- sowie Lernkontrollen, die am Ende einer Einheit den neuen **(absoluten) Lernstand** sowie den **(relativen) Lernfortschritt** messen. Sie greifen das in der Lernstandserhebung geprüfte Basiswissen auf und erweitern es um neue Inhalte.

Erfolgt am Anfang der Unterrichtseinheit eine Lernstandserhebung und am Ende eine Lernkontrolle, kann durch die Differenz der **Lernzuwachs** ermittelt werden.
In der Unterrichtspraxis unterbleibt die Lernstandserhebung aus verschiedenen Gründen oftmals. Bei dem vorliegenden Konzept soll ihre Anwendung aber Berücksichtigung finden. In jedem Halbjahr ist eine Lernstandserhebung sowie eine Lernkontrolle vorgesehen.

Die Lernkontrollen sollten so gestaltet sein,
- dass sie den Förderaspekt betonen und die Persönlichkeit des Schülers stärken.
- dass sie die unterschiedlichen Lernkanäle der Schüler berücksichtigen: den auditiven, den visuellen sowie den motorischen Aspekt.
- dass den Schülern nach der Rückmeldung individuelle Hilfe angeboten wird, damit sie eine Chance erhalten, ihre Lücken auszugleichen. Hier kann ein Lernvertrag (S. 13) zum Einsatz kommen.

> Durch dieses Verfahren
> - wird das Vorwissen aller Schüler sichtbar, wodurch der folgende Unterricht angepasst werden kann.
> - wird gezielt der geübte Stoff des Unterrichts geprüft.
> - wird der Lernfortschritt jedes einzelnen Schülers deutlich.
> - werden die Stärken und Schwächen und damit der Förderbedarf des einzelnen Schülers offensichtlich.
> - können Rückschlüsse auf die Wirksamkeit des Unterrichts gezogen werden.

A4 Leistungsbeurteilung im Fach Musik

Eine absolut gerechte Leistungsbeurteilung ist und bleibt eine Fiktion. Beim Fach Musik ist in besonderer Weise der Tatsache Rechnung zu tragen, dass in einigen Arbeitsbereichen ein bestimmter Interpretationsspielraum eingeräumt werden muss.
Dies sollte bei der Beurteilung von Leistungen berücksichtigt werden. Außerdem ist eine negative Bewertung – besonders bei ästhetischen und kreativen Aufgabenstellungen – zu vermeiden.

In der 1. und 2. Klasse sollte der Beobachtungsbogen die alleinige Beurteilungsgrundlage für die Leistungsbeurteilung sein. Er ist mit der Notenskala von 1 bis 3 versehen.

Für die schriftlichen Leistungen der 3. und 4. Klassen werden neben dem Beobachtungsbogen außerdem schriftliche Lernkontrollen eingesetzt.
Im vorliegenden Buch wird ein Konzept vorgestellt, bei dem in diesen Jahrgangsstufen die musikpraktischen und mündlichen Leistungen doppelt gerechnet werden, während die schriftlichen Leistungen einfach zählen.

A4.1 Die Beurteilung durch den Beobachtungsbogen

Die im Laufe des Schuljahres im Beobachtungsbogen eingetragenen Leistungen werden am Ende einer Beobachtungszeit zu einer Gesamtnote zusammengesetzt.

Dabei gilt:

> Note = Summe der Teilnoten ÷ Summe der bewerteten Kompetenzen

Werden im Laufe eines Schulhalbjahres alle vorgeschlagenen Kompetenzen berücksichtigt, ergibt sich bei der Notengebung in Klasse 3 beispielsweise folgendes Bild (siehe S. 18 f.):

Kompetenzen	Note
Sich Bewegen	2
Singen	2
Musizieren	1
Verklanglichen	2
Hören (Ausdruck)	2
Hören (Klangsensibilisierung)	3
Beurteilen	2
Summe der Teilnoten	14
Summe der gemessenen Kompetenzen	7
Note	2

Der Beobachtungsbogen kann sowohl zur Ziffern- als auch zur Verbalbenotung eingesetzt werden.

> Durch dieses Verfahren
> - wird eine sorgfältige Beobachtung durch den Lehrer gefördert.
> - dienen transparente Beurteilungskriterien als Grundlage der Bewertung.
> - findet eine Vielzahl an Aspekten von Leistung Eingang in die Beurteilung.
> - ist keine einmalige Leistung ausschlaggebend, sondern ein Bündel an Ergebnissen.

A4.2 Die Beurteilung durch die schriftliche Lernkontrolle

Ab dem 3. Schuljahr fließt die Bewertung der schriftlichen Lernkontrolle zusätzlich in die Beurteilung ein.

Hier wird nun die neue Sichtweise auf Leistungsbeurteilung deutlich. Es kommt nicht mehr allein auf die Feststellung des absoluten Leistungstandes am Ende einer Unterrichtseinheit an, sondern der Lernzuwachs wird zusätzlich als Kriterium herangezogen. Dies setzt voraus, dass

sowohl am Anfang als auch am Ende der Unterrichtseinheit eine Lernstandserhebung durchgeführt wird. Beide sollten sich eng an dem im Unterricht behandelten Thema orientieren.
Der Lernzuwachs wird in Form von Zusatzpunkten bei der Gesamtpunktzahl berücksichtigt:

  1–5 Punkte Lernzuwachs: 1 Zusatzpunkt
  6–10 Punkte Lernzuwachs: 2 Zusatzpunkte
11–15 Punkte Lernzuwachs: 3 Zusatzpunkte

Generell gilt:

> **Lernzuwachs = Punktzahl Lernkontrolle – Punktzahl Lernstandserhebung**
>
> **Gesamtpunktzahl = Punktzahl Lernkontrolle + Lernzuwachs**

Die Gesamtpunktzahl wird anschließend einer Note zugeordnet, wobei es einen Interpretationsspielraum bezüglich der Punktegrenzen geben kann.

25–21 Punkte: Note 1
20–16 Punkte: Note 2
15–11 Punkte: Note 3
10–6 Punkte: Note 4
5–0   Punkte: Note 5

An einem Beispiel mit der Höchstpunktzahl 25 soll hier das Verfahren der Leistungsbeurteilung erläutert werden. Es empfiehlt sich, für beide Lernkontrollen dieselbe Höchstpunktzahl anzusetzen, um die Vergleichbarkeit zu erleichtern.

Schüler	Punkte der Lernstandserhebung	Punkte der Lernkontrolle	Lernzuwachs	Zusatzpunkte	Gesamtpunktzahl	Note
A	5	5	0	0	5	5
B	5	10	5	1	11	3
C	5	15	10	2	17	2
D	5	20	15	3	23	1
E	10	5	0	0	5	5
F	10	25	15	3	28	1*

Erläuterungen:
- Schüler A hat keinen Lernzuwachs erzielt und erhält die Punktzahl aus der Lernkontrolle.
- Die Schüler B–D haben unterschiedliche Lernzuwächse erreicht und erhalten dementsprechend Zusatzpunkte.
- Schüler E mit einem negativen Lernzuwachs erhält die Punktzahl aus der Lernkontrolle.
- Schüler F erreicht aufgrund seiner befriedigenden Ausgangsleistung und eines enormen Leistungszuwachses eine Punktzahl jenseits der Höchstpunktzahl von 25. Dies ergibt eine 1 mit Stern.

Diese Art der Leistungsbeurteilung sollte den Schülern in geeigneter Form erläutert werden. Dazu könnte der folgende Text verwendet werden.

So werden deine Leistungen im Fach Musik beurteilt:
- Du schreibst in jedem Halbjahr eine Lernstandserhebung und eine Lernkontrolle.
- Bei der Lernstandserhebung frage ich dich, was du von dem zu behandelnden Thema vielleicht schon weißt.
- Dafür bekommst du eine bestimmte Punktzahl, aber keine Note.
- Dann wird im Unterricht ein Thema behandelt.
- An dessen Ende schreibst du eine Lernkontrolle, die benotet wird.
- Ist die Punktzahl höher als bei der Lernstandserhebung, so bekommst du in der Regel einen oder mehrere Sonderpunkte für den Lernzuwachs.
- Aus dieser Punktzahl ergibt sich dann die Note für die Lernkontrolle.

Falls Bedenken an dieser Art der Beurteilung im Unterricht bestehen – sei es aufgrund der Rechtfertigung vor Eltern und Schülern oder weil Schüler das System ausnutzen und in der Lernstandserhebung absichtlich weniger Punkte erzielen – sollte zumindest an der Durchführung der Lernstandserhebung zur Leistungsmessung festgehalten werden.
So werden der Leistungsstand sowie der Lernfortschritt weiterhin ersichtlich, der beispielsweise auch in einem Extrapunkt im Beobachtungsbogen positiv berücksichtigt werden kann.

Durch dieses Verfahren
- wird der im Unterricht behandelte Stoff geprüft.
- wird der Lernfortschritt des Schülers mitbewertet.
- werden Schüler mit einer Leistungssteigerung motiviert und belohnt.
- werden individuelle Stärken und Schwächen des einzelnen Schülers deutlich.
- werden die Leistungen individuell bewertet und lassen sich nicht mehr direkt über die erreichten Punkte vergleichen.

A4.3 Die Leistungsbeurteilung im Überblick

Der Bewertungszusammenhang aus den mündlichen und musikpraktischen (zweifache Wertung des Beobachtungsbogens) sowie aus den schriftlichen Leistungen (einfache Wertung der schriftlichen Lernkontrolle unter Berücksichtigung der Zusatzpunkte) lässt sich tabellarisch wie folgt darstellen:

Schuljahr	Beobachtungsbogen		Schriftliche Lernkontrolle	
	Anzahl	Wertung	Anzahl	Wertung
1.1	1	einfach	0	–
1.2	1	einfach	0	–
2.1	1	einfach	0	–
2.2	1	einfach	0	–
3.1	1	zweifach	1	einfach
3.2	1	zweifach	1	einfach
4.1	1	zweifach	1	einfach
4.2	1	zweifach	1	einfach

Demnach gilt für jedes Halbjahr in Klasse 3 und 4:

> Gesamtnote = (2x Note Beobachtungsbogen + Note Lernkontrolle) ÷ 3

A5 Die Begleitung des Lernprozesses

So notwendig Leistungsmessung und -beurteilung auch sind, so sollten sie auch im Musikunterricht nach Möglichkeit durch besondere Lernhilfen ergänzt werden.
Die vorliegende Konzeption nimmt zwei ergänzende Vorschläge auf, welche der herkömmlichen Leistungsmessung ihre Schärfe nehmen und durch Fördermaßnahmen die Lernmotivation steigern sollen:

- **das Lerntagebuch**, mit dem die Schüler von Zeit zu Zeit die Möglichkeit erhalten, sich selbst einzuschätzen, und
- **der Lernvertrag**, bei dem festgelegt wird, was die Schüler in einer bestimmten Zeit leisten und mit welchen Materialien sie sich zielorientiert beschäftigen sollen.

A5.1 Das Lerntagebuch

Das Lerntagebuch ist für die Schüler ein Mittel, sich das bisher Gelernte noch einmal ins Gedächtnis zu rufen. Es ist ein im Musikunterricht noch relativ wenig angewendetes Verfahren, nicht zuletzt wegen seines nicht unerheblichen Aufwandes. Die Vorzüge sind aber nicht zu übersehen. Es dient:

- der Selbsteinschätzung der Schüler und Reflexion des eigenes Lernprozesses,
- der Entwicklung ihrer Selbstständigkeit (es betrachtet den Schüler als aktiv Handelnden),
- der Rückmeldung für den Lehrer, aus der er Schlüsse für seinen künftigen Unterricht ziehen kann.

Das hier vorgestellte Lerntagebuch umfasst wesentliche Anforderungen des Musikunterrichts in drei Abstufungen. Auf S. 85 ist ein Beispiel angefügt. Dieses ist natürlich beliebig erweiter- und veränderbar (siehe Datei auf der beiliegenden CD-Rom).

Als Erläuterung für die Schüler könnte folgender Text verwendet werden:

> Das **Lerntagebuch** hilft dir, dich an Unterrichtsinhalte zu erinnern, mit denen du dich in letzter Zeit beschäftigt hast.
> Lies dir die Sätze in den einzelnen Zeilen gründlich durch und kreuze die an, die du schon einmal bearbeitet hast.
> Unterscheide dabei, ob du
> - **das schon gut kannst**: Dann setze dein Kreuz in die 1. Spalte oder
> - **meistens Erfolg hast**: Dann setze dein Kreuz in die 2. Spalte oder
> - **noch mehr Hilfe benötigst**: Dann setze dein Kreuz in die 3. Spalte.
>
> Schreibe neben das Kreuz das Datum.

A5.2 Der Lernvertrag

Der Lernvertrag ist für den Musikunterricht ein relativ aufwendiges Mittel und nur sehr individuell einsetzbar, kann aber eine sehr gezielte Hilfe im Einzelfall bedeuten. Es setzt ein sehr vertrautes Verhältnis des Schülers zu seinem Lehrer voraus und wird zwischen beiden abgeschlossen, gilt aber in erster Linie als Motivationshilfe für den Schüler.

Im Einzelnen werden folgende Aspekte berücksichtigt:
- ein Lernziel,
- bestimmte Aufgabenstellungen,
- notwendige Hilfsmittel,
- ein Zeitraum bis zum Erreichen des Lernziels.

Der Lehrer hilft bei der Formulierung der Ziele und Aufgaben.

In Form gebracht, erhält der Lernvertrag folgendes Aussehen (siehe auch Datei auf der beiliegenden CD-Rom):

Ich, _____ ,

verpflichte mich, folgendes Lernziel anzustreben: _____

_____

Diese Aufgaben will ich lösen: _____

Mein Lehrer stellt mir diese Hilfen bereit: _____

Ich will den Lernvertrag bis zum _____ erfüllen.

_____   _____
Ort, Datum   Meine Unterschrift

Unterschrift meines Lehrers: _____

Auf S. 86 ist ein konkretes Beispiel angefügt.

Als Erläuterung für die Schüler könnte folgender Text verwendet werden:

Aus deinem Lerntagebuch habe ich entnommen, dass du noch Hilfe für das folgende Lernziel brauchst: _____

Ich mache dir einige Vorschläge, wie du dich verbessern kannst.
Dazu werden wir gemeinsam einen Lernvertrag abschließen.

A Theoretische Grundlegung

B1 Beobachtungsbögen für die Klassen 1–4

Beobachtungsbogen für Klasse 1

Kompetenzen	Beurteilungskriterien	Note	Namen der Schüler							
	Der Schüler …									
Sich Bewegen (Aspekt: Ausdruck)	kann die Bewegungen eines Tieres darstellen.	1								
	kann sich in die Gruppe einordnen und vorgegebene Bewegungen mitmachen.	2								
	bemüht sich, in der Gruppe mitzugehen.	3								
Singen (Aspekt: Mut zum Singen)	kann ein Lied ausschnittweise allein singen.	1								
	kann gemeinsam mit einem Partner ein Lied singen.	2								
	kann einfache Lieder mitsingen.	3								
Musizieren (Aspekt: Rhythmus)	kann ein Lied mit einem Instrument rhythmisch begleiten.	1								
	kann einen leichten Rhythmus nachspielen.	2								
	kann ein Metrum auf einem Instrument durchhalten.	3								

B1 Beobachtungsbögen für die Klassen 1–4

	1	2	3	1	2	3	1	2
	kann Vorschläge zur Darstellung von Geräuschen machen (z. B. Donner, Glockenläuten) und auf einem Instrument darstellen.	kann ein Geräusch (z. B. Tierlaut) auf einem Instrument imitieren.	kann sich bei der Verklanglichung einer kurzen Szene beteiligen.	kann zwei gleichzeitig gespielte Rhythmusinstrumente am Klang erkennen und benennen.	kann ein Rhythmusinstrument am Klang erkennen und der richtigen Familie zuordnen.	kann mindestens ein Rhythmusinstrument am Klang erkennen und benennen.	kann die Entscheidung für eine Bewegungsfigur begründen.	kann die Entscheidung für ein bestimmtes Instrument zur Darstellung einer Geschichte begründen.
	Verklanglichen (Aspekt: Ausdruck)			**Hören** (Aspekt: Instrument)			**Beurteilen** (Aspekt: Ausdruck)	

Beobachtungsbogen für Klasse 1

B1 Beobachtungsbögen für die Klassen 1–4

Beobachtungsbogen für Klasse 2

Kompetenzen	Beurteilungskriterien Der Schüler …	Note	Namen der Schüler						
Sich Bewegen (Aspekt: Struktur)	kann im Raum zu einem Metrum gehen und dazu einen leichten Rhythmus klatschen.	1							
	kann im Raum im Metrum gehen.	2							
	kann mit Hilfen in der Gruppe mitgehen.	3							
Singen (Aspekt: Fehlerreduzierung)	kann ein Lied allein fehlerfrei singen.	1							
	kann ein Lied gemeinsam mit einem Partner singen.	2							
	kann Lieder in der Gruppe mitsingen.	3							
Musizieren (Aspekt: Melodie)	kann ein Lied mit ein oder zwei Tönen auf einem Stabspiel begleiten.	1							
	kann eine kleine vorgegebene Melodie auf einem Stabspiel spielen.	2							
	kann einzelne Töne auf einem Stabspiel nachspielen.	3							

B1 Beobachtungsbögen für die Klassen 1–4

Beobachtungsbogen für Klasse 2

Aspekt		Nr.	Kompetenz							
Verklanglichen (Aspekt: Geschichte)		1	kann Vorschläge für eine Klanggeschichte machen und sie auf einem Instrument darstellen.							
		2	kann einen vorgegebenen Vorschlag zu einer Textstelle auf einem Instrument umsetzen.							
		3	kann sich bei der Verklanglichung mit einem Instrument beteiligen.							
Hören (Aspekt: Melodie und Rhythmus)		1	kann zwei Melodien und Rhythmen als gleich oder verschieden erkennen.							
		2	kann zwei Melodien oder Rhythmen als gleich oder verschieden erkennen.							
		3	kann ein bekanntes Musikstück wiedererkennen und benennen.							
Beurteilen (Aspekt: Klangsensibilisierung)		1	kann die Entscheidung für bestimmte Instrumente zur Verklanglichung einer Geschichte begründen.							
		2	kann die Entscheidung für ein bestimmtes Rhythmusinstrument zur Liedbegleitung begründen.							

B1 Beobachtungsbögen für die Klassen 1–4

Beobachtungsbogen für Klasse 3

Kompetenzen	Beurteilungskriterien	Note	Namen der Schüler						
	Der Schüler …								
Sich Bewegen (Aspekt: Koordination von Musik und Bewegung)	kann einen leichten Tanz zu einer Musik ausführen.	1							
	kann in der Gruppe einen Tanz mittanzen.	2							
	kann mit Hilfen einen Tanz bewältigen.	3							
Singen (Aspekt: Treffgenauigkeit)	kann ein selbst gewähltes Lied fehlerfrei singen.	1							
	kann ein Lied gemeinsam mit einem Partner singen und dabei meist die Stimme halten.	2							
	orientiert sich beim Singen an den Mitschülern.	3							
Musizieren (Aspekt: Gehörbildung)	kann eine kleine Melodie nach Angabe des Anfangstons nachspielen.	1							
	kann nach Vorgabe von einigen Tönen eine kleine Melodie nachspielen.	2							
	kann mit Hilfen eine kleine Melodie nachspielen.	3							

B1 Beobachtungsbögen für die Klassen 1–4

Beobachtungsbogen für Klasse 3

Aspekt	Kriterium	Nr.							
Verklanglichen (Aspekt: Geschichte)	kann wichtige Impulse zum Gesamtverlauf einer Geschichte setzen und diese darstellen.	1							
	kann aktiv an der Umsetzung einer Klanggeschichte mitwirken.	2							
	kann bei der Umsetzung eine ihm zugewiesene Rolle übernehmen.	3							
Hören (Aspekt: Ausdruck)	kann den Ausdrucksgehalt eines gehörten Musikstücks zutreffend beschreiben.	1							
	kann den Ausdrucksgehalt eines Musikstücks ansatzweise beschreiben.	2							
	kann den Ausdrucksgehalt eines Musikstücks mithilfe von vorgegebenen Adjektiven beschreiben.	3							
Hören (Aspekt: Klangsensibilisierung)	kann Orchesterinstrumente den entsprechenden Familien zuordnen.	1							
	kann Bassinstrumente (Tuba, Fagott, Kontrabass) und Sopraninstrumente (Querflöte, Violine, Oboe, Klarinette) vom Klang her unterscheiden.	2							
	kann Streichinstrumente und Blasinstrumente vom Klang her unterscheiden.	3							
Beurteilen (Aspekt: Melodieerfindung)	kann begründen, wie eine erfundene Melodie zustandegekommen ist.	1							
	kann begründen, wie er eine Melodieerfindung angehen würde.	2							

B Praxis der Leistungsmessung und -beurteilung

B1 Beobachtungsbögen für die Klassen 1–4

Beobachtungsbogen für Klasse 4

Kompetenzen	Beurteilungskriterien	Note	Namen der Schüler							
	Der Schüler …									
Sich Bewegen (Aspekt: Reagieren auf Musik)	kann eine selbst erfundene Bewegungsfigur zu einer Musik vorführen.	1								
	kann in einer Gruppe eine vorgegebene Bewegungsfigur fehlerfrei tanzen.	2								
	kann mit Hilfen im Metrum zu einer eingespielten Musik gehen.	3								
Singen (Aspekt: Richtig und schön)	kann ein Lied fehlerfrei singen.	1								
	kann ein selbst gewähltes Lied in Teilen fehlerfrei singen.	2								
	kann gemeinsam mit guten Sängern ein Lied mitsingen und meist die Stimme halten.	3								
Musizieren (Aspekt: Rhythmus)	kann einen Rhythmus fehlerfrei nach Noten spielen.	1								
	kann einen Rhythmus meist fehlerfrei spielen.	2								
	kann einen Rhythmus mit Hilfen nachspielen.	3								
Musizieren (Aspekt: Notation)	kann eine kleine Melodie fehlerfrei nach Noten spielen.	1								
	kann eine kleine Melodie meist fehlerfrei nach Noten spielen.	2								
	kann einzelne Töne auf einem Stabspiel nach Ansage spielen.	3								

B1 Beobachtungsbögen für die Klassen 1–4

1	2	3	1	2	3	1	2	3	1	2		
kann eine kurze Geschichte zu einem vorgegebenen Thema erfinden und Vorschläge zur Umsetzung machen.	kann Vorschläge zur Umsetzung einer vorgegebenen Geschichte machen.	kann bei der Verklanglichung einer Geschichte aktiv mitwirken.	kann den Verlauf einer Musik auf einer Zeitleiste mit Zeichen darstellen.	kann den Ausdruck einer Musik bildlich mit Linien und Farbe darstellen.	kann den Inhalt einer Musik konkret zeichnerisch darstellen (Tier, Donner).	kann die Formteile eines leichten Musikstücks erkennen und benennen (z. B. Rondo).	kann zwei direkt aufeinander folgende Formteile als gleich oder verschieden identifizieren.	kann bei zwei Formteilen meist sagen, ob sie gleich oder verschieden sind.	kann die Entscheidung für die wesentlichen Details zu einer Klanggeschichte begründen.	kann Einzelheiten zu einer Klanggeschichte beschreiben.		
Verklanglichen (Aspekt: Geschichte)			Hören (Aspekt: Visualisierung)			Hören (Aspekt: Struktur)			Beurteilen (Aspekt: Detailbetrachtung)			

Beobachtungsbogen für Klasse 4

B2 Schriftliche Lernkontrollen für die Klassen 3 und 4

B2.1 Rhythmusinstrumente (3. Kl.) – Lernstandserhebung

Name: _____   Klasse: _____   Datum: _____

1. Schreibe die Namen von fünf Rhythmusinstrumenten auf.
Wenn dir die Namen nicht einfallen, kannst du die Instrumente malen.

1	___ /2 P.
2	___ /2 P.
3	___ /2 P.
4	___ /2 P.
5	___ /2 P.

2. Wie heißt das Rhythmusinstrument, das wie ein Dreieck aussieht?

_____   ___ /3 P.

3. Nenne eine Instrumentenfamilie.

_____   ___ /4 P.

4. Wie heißt das Rhythmusinstrument, das du jetzt hörst?

_____   ___ /4 P.

5. Zeichne eine Note deiner Wahl und schreibe ihren Namen auf.

Notenzeichen	Name der Note

___ /4 P.

Erreichbare Punktzahl:	25 P.
Deine Punktzahl:	

B2.1 Rhythmusinstrumente (3. Kl.) – Unterrichtseinheit

Die Lernabschnitte im Überblick:
1. Den Rhythmusinstrumenten ihre Namen zuordnen
2. Instrumentenfamilien bilden
3. Rhythmusinstrumente am Klang erkennen
4. Rhythmen auf Instrumenten spielen
5. Ein Lied rhythmisch begleiten
6. Ein Rhythmusstück mit Instrumenten besetzen und spielen

1. Lernabschnitt: Den Rhythmusinstrumenten ihre Namen zuordnen
- In der Mitte des Raumes liegt eine Auswahl an Rhythmusinstrumenten bereit.
- Die Hälfte der Schüler holt sich jeweils ein Instrument, die andere Hälfte bekommt Kärtchen mit den Instrumentennamen.
- Die zusammengehörenden Paare finden sich und spielen das Instrument an.
- Die Instrumente und Kärtchen werden zurückgelegt und ein zweiter Durchgang durchgeführt.

2. Lernabschnitt: Instrumentenfamilien bilden
- Die Rhythmusinstrumente liegen in der Mitte des Raumes.
- Die Schüler werden aufgefordert, Ordnungskriterien für die Instrumente zu finden (z. B. Klanglänge, Größe, Material, klingendes Material).
- Bei der Entscheidung für das Ordnungskriterium „klingendes Material" werden die Instrumente entsprechend zugeordnet. Als Hilfe werden evtl. je ein Holz-, ein Metall- und ein Fellinstrument ausgelegt.
- Die Schüler ordnen die namentlich vorgegebenen Instrumente in ein Raster an der Tafel ein.

3. Lernabschnitt: Rhythmusinstrumente am Klang erkennen
- Einige Schüler stehen mit einer Auswahl an Rhythmusinstrumenten hinter einem Sichtschutz (Vorhang / Tafel) und spielen die einzelnen Instrumente nacheinander an.
- Die Klasse identifiziert die Klänge und nennt die Namen. Das gespielte Instrument wird gezeigt. Falls die Aufgabe zu leicht ist, werden zwei Instrumente gleichzeitig angespielt.
- Die Schüler erhalten ein Blatt mit Bildern der verwendeten Instrumente.
- Der Lehrer spielt die Instrumente verdeckt vor, die Schüler nummerieren die Bilder auf dem Blatt entsprechend. Auch hier können zwei Instrumente gleichzeitig angespielt werden.

4. Lernabschnitt: Rhythmen auf Instrumenten spielen
- Die Schüler betrachten verschiedene Rhythmen (KV 1, S. 25) und wiederholen dabei Taktart, Notenwerte und Pausen. Der Lehrer erläutert die Funktion von Metrum- und Rhythmus-zeile.
- Einzelne Rhythmen werden gemeinsam gespielt. Alternativ spielen fortgeschrittene Schüler die Rhythmen vor.
- Verschiedene Spielübungen werden durchgeführt:
  - Der Lehrer spielt Rhythmen vor, die Schüler spielen nach.
  - Der Lehrer spielt Rhythmen vor, die Schüler nennen die Nummer des Rhythmus.
  - Verschiedene Rhythmusbausteine werden zu einem längeren Rhythmus zusammengefügt.
  - Die Bausteine werden mit verschiedenen Instrumenten (Klangfarben) musiziert.

B2.1 Rhythmusinstrumente (3. Kl.) – Unterrichtseinheit

5. Lernabschnitt: Ein Lied rhythmisch begleiten
- Die Schüler singen ein ihnen bekanntes Lied, z. B. *Tarantella – Gestern an der Haltestelle* (KV 2, S. 26).
- Die Schüler erfinden zum Lied auf CD (HB 1) einen kurzen Rhythmus.
- Einige Schüler spielen ihre Ergebnisse vor, die anderen spielen nach.
- Es werden eine Singgruppe und zwei Musiziergruppen gebildet.
- Die Melodie wird gesungen und ein Begleitrhythmus musiziert, z. B.:

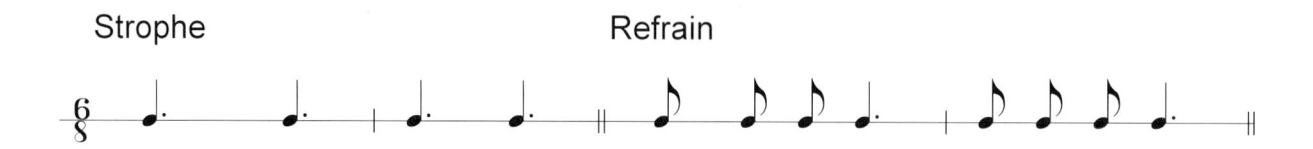

6. Lernabschnitt: Ein Rhythmusstück mit Instrumenten besetzen und spielen
- Der Lehrer zeigt den Schülern die dreistimmige Rhythmuspartitur (KV 3, S. 26).
- Die Schüler überlegen in Gruppen, welches Instrument für welche Stimme am besten passen könnte und begründen dies. Sie spielen die drei Stimmen nacheinander und probieren verschiedene Instrumente aus.
- Die Schüler entscheiden sich für eine Lösung und spielen sie zusammen, z. B. 1. Triangel, 2. Klanghölzer, 3. Becken oder 1. Becken, 2. Handtrommel, 3. Triangel usw.
- Abschließend werden die Versionen in der Klasse verglichen und begründet beurteilt.

B2.1 Rhythmusinstrumente (3. Kl.) – Unterrichtseinheit

KV 1

Rhythmen

B2.1 Rhythmusinstrumente (3. Kl.) – Unterrichtseinheit

KV 2

HB 1

Tarantella – Gestern an der Haltestelle

Melodie: Heinz Lemmermann, Text: Ortfried Pörsel
aus: DIE ZUGABE Band 3, Fidula-Verlag Boppard/Rhein

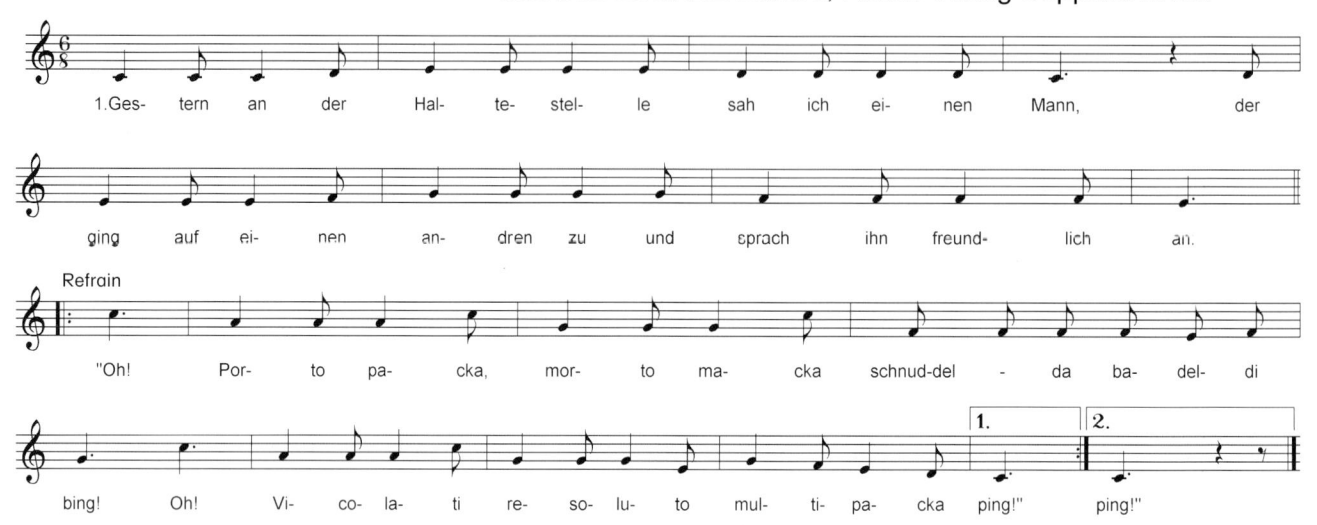

1. Gestern an der Haltestelle sah ich einen Mann, der ging auf einen andren zu und sprach ihn freundlich an.

Refrain
"Oh! Porto packa, morto macka schnuddel-da badeldi bing! Oh! Vicolati resoluto multipacka ping!"

gesprochen: Der andere sprach: „Bedaure sehr, ich höre leider etwas schwer. Kann gar nichts verstehen, doch da steht einer, fragen sie den!"

2. Kurz entschlossen ging der Fremde zu dem zweiten Mann.
   Er zog sehr höflich seinen Hut und sprach ihn freundlich an:

Refrain

gesprochen: Der zweite sagte ihm ganz schlicht: „Ich spreche ihre Sprache nicht, kann gar nichts verstehen, doch da kommt einer, fragen sie den!"

3. Ohne Zögern ging der Fremde zu den dritten Mann,
   der kam grade dort vorbei, den sprach er freundlich an:

Refrain

gesprochen: Der dritte aber lachte nur und zeigte seine Armbanduhr:
„Oh! Porto packa, morto macka schnuddelda badeldi bing! Ratta patta matta muti multi patta ping!"

4. Lachend gingen alle beide weiter in die Stadt
   und nun weiß ich, was der Fremde da geredet hat!

Refrain

KV 3

Rhythmuspartitur

1. Stimme
2. Stimme
3. Stimme

B2.1 Rhythmusinstrumente (3. Kl.) – Lernkontrolle

Name: _____ Klasse: _____ Datum: _____

1. Ordne jeder Instrumentenfamilie zwei Rhythmusinstrumente zu.
Wenn dir der Name nicht einfällt, kannst du das Instrument malen.

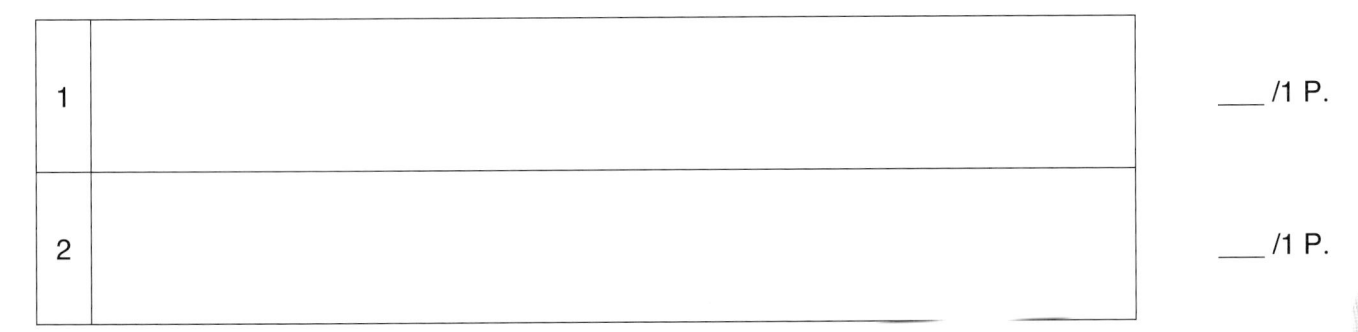

Holz	Fell	Metall

___/3 P.

___/3 P.

2. Du hörst nacheinander zwei Rhythmusinstrumente.
Trage ihre Namen in die Tabelle ein.
Wenn dir der Name nicht einfällt, kannst du das Instrument malen.

1	
2	

___/1 P.

___/1 P.

3. Du hörst zwei Instrumente, die gleichzeitig gespielt werden.
Schreibe ihre Namen auf.

1. _____

___/1 P.

2. _____

___/1 P.

4. Schreibe einen Rhythmus von zwei Takten auf die Notenlinie.

    1   2   3   4   1   2   3   4

$\frac{4}{4}$ |_____|_____||

___/6 P.

B2.1 Rhythmusinstrumente (3. Kl.) – Lernkontrolle

Name: _____ Klasse: _____ Datum: _____

5. Zeichne die Notenzeichen.

Halbe Note	
Viertelnote	
Viertelpause	

___/1 P.
___/1 P.
___/1 P.

6. Überlege dir für die drei Stimmen des Rhythmusstücks passende Instrumente und begründe dies.

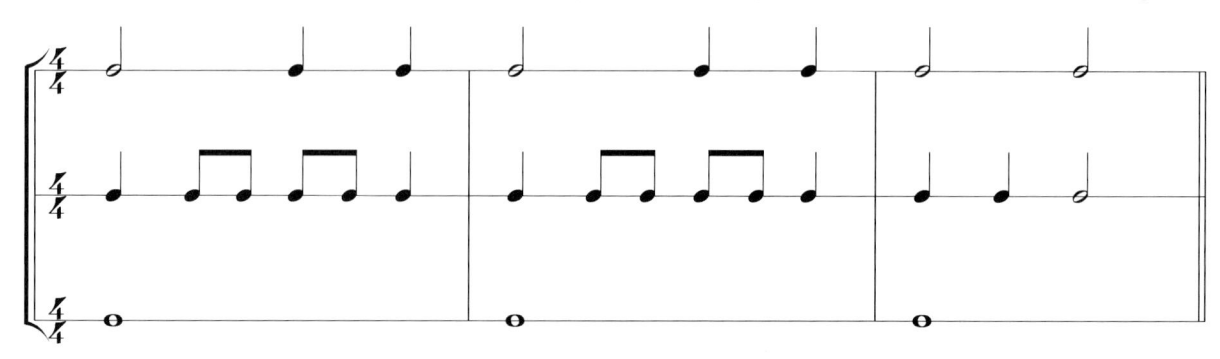

	Instrument	Begründung
1. Stimme		
2. Stimme		
3. Stimme		

___/2 P.
___/2 P.
___/2 P.

Erreichbare Punktzahl:	25 P.
Deine Punktzahl:	
Zusatzpunkte:	
Deine Gesamtpunktzahl:	
Note:	

B Praxis der Leistungsmessung und -beurteilung

B2.1 Rhythmusinstrumente (3. Kl.) – Leistungsbeurteilung

Beispiel-Lösung zur Lernstandserhebung (S. 22)

Die fettgedruckten Lösungen repräsentieren eine mögliche Schülerantwort; in grauer Schrift werden richtige Lösungen ergänzt.

1. Schreibe die Namen von fünf Rhythmusinstrumenten auf.
Wenn dir die Namen nicht einfallen, kannst du die Instrumente malen.

1	**Trommel**	2/2 P.
2	**Triangel**	2/2 P.
3	**Gurke**	2/2 P.
4	Rassel	0/2 P.
5	Klanghölzer	0/2 P.

2. Wie heißt das Rhythmusinstrument, das wie ein Dreieck aussieht?

Triangel — 3/3 P.

3. Nenne eine Instrumentenfamilie.

Blasinstrumente — 0/4 P.

4. Wie heißt das Rhythmusinstrument, das du jetzt hörst?

Klanghölzer*

*2 P. können z.B. gegeben werden, wenn das Instrument richtig erkannt, aber nicht die richtige Bezeichnung verwendet wurde.

0/4 P.

5. Zeichne eine Note deiner Wahl und schreibe ihren Namen auf.

Notenzeichen	Name der Note
♩	**Viertelnote**

4/4 P.

Erreichbare Punktzahl:	25 P.
Deine Punktzahl:	**13. P**

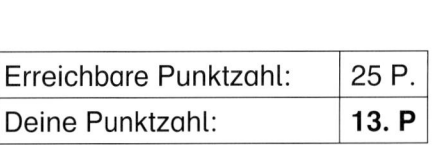

B2.1 Rhythmusinstrumente (3. Kl.) – Leistungsbeurteilung

Beispiel-Lösung zur Lernkontrolle (S. 27 f.)

1. Ordne jeder Instrumentenfamilie zwei Rhythmusinstrumente zu.
   Wenn dir der Name nicht einfällt, kannst du das Instrument malen.

Holz	Fell	Metall	
Klanghölzer	Handtrommel	Schellenring	3/3 P.
Holzblock	Pauke	Triangel	2/3 P.

2. Du hörst nacheinander zwei Rhythmusinstrumente.
   Trage ihre Namen in die Tabelle ein.
   Wenn dir der Name nicht einfällt, kannst du das Instrument malen.

1	Triangel	1/1 P.
2	Schellentrommel	1/1 P.

3. Du hörst zwei Instrumente, die gleichzeitig gespielt werden.
   Schreibe ihre Namen auf.

   1. **Holzblock**   1/1 P.

   2. **Schellentrommel**   1/1 P.

4. Schreibe einen Rhythmus von zwei Takten auf die Notenlinie.*

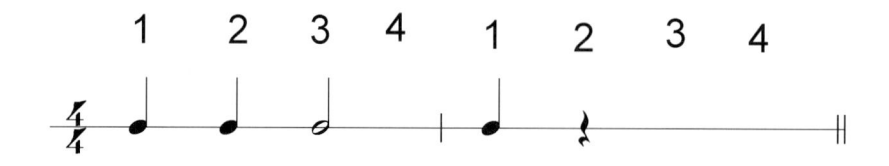

   3/6 P.

   *Für jeden vollständigen Takt gibt es 3 P.

B2.1 Rhythmusinstrumente (3. Kl.) – Leistungsbeurteilung

5. Zeichne die Notenzeichen.

Halbe Note	♩ (halbe)	1/1 P.
Viertelnote	♩	1/1 P.
Viertelpause	𝄽	0/1 P.

6. Überlege dir für die drei Stimmen des Rhythmusstücks passende Instrumente und begründe dies.

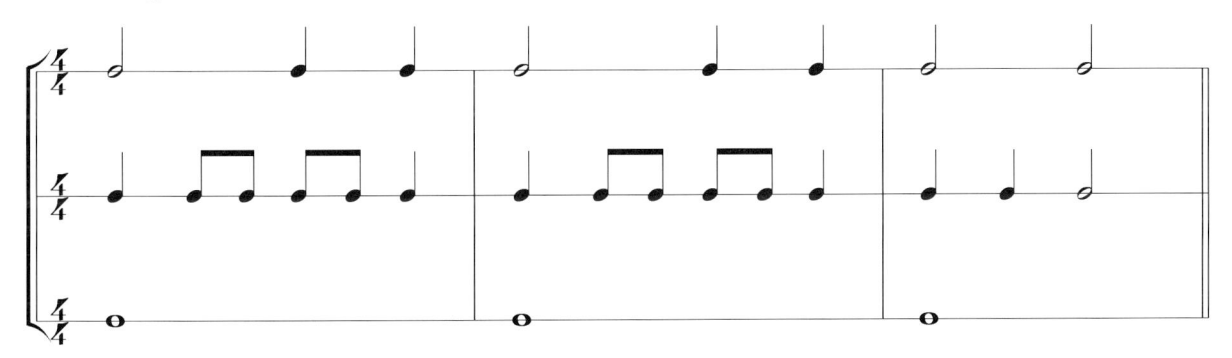

	Instrument	Begründung	
1. Stimme	Schellenring	Lange Töne	1/2 P.
2. Stimme	Holzblock	Kurze Töne	2/2 P.
3. Stimme	Triangel	Lange Töne	2/2 P.

Erreichbare Punktzahl:	25 P.
Deine Punktzahl:	**19 P.**
Zusatzpunkte:	**2 P.**
Deine Gesamtpunktzahl:	**21 P.**
Note:	**1**

B2.1 Rhythmusinstrumente (3. Kl.) – Leistungsbeurteilung

Lernzuwachs in Punkten	Zusatzpunkte
1–5	1
6–10	2
11–15	3
16–20	4
21–25	5

Punkteverteilung	Note
25–21	1
20–16	2
15–11	3
10–6	4
5–0	5

Abschließende beispielhafte Leistungsbeurteilung unter Berücksichtigung des Lernzuwachses:

Lernstandserhebung:	13 P.
Lernkontrolle:	19 P.
Lernzuwachs:	6 P.
Zusatzpunkte:	2 P.
Gesamtpunktzahl:	19 P. + 2 P. = 21 P.
Note:	1

B2.2 Tiere in der Musik (3. Kl.) – Lernstandserhebung

Name: _____ Klasse: _____ Datum: _____

> Nachtigall – Meise – Kuckuck – Amsel – Schlange – Pferd – Katze – Hund – Elefant

1. Schreibe zwei Tiere auf, die besonders durch ihre Stimme auffallen.

   1. _____ ___/1 P.

   2. _____ ___/1 P.

2. Schreibe zwei Tiere auf, die besonders durch ihre Bewegung auffallen.

   1. _____ ___/1 P.

   2. _____ ___/1 P.

3. Welches Rhythmusinstrument ist besonders gut geeignet, um das Hämmern des Spechts nachzuahmen?

   _____ ___/2 P.

4. Mit welchem Instrument könnte man den Ruf des Kuckucks nachahmen?

   _____ ___/4 P.

5. Kennst du einen Waldvogel, der immer nur zwei Töne singt?

   _____ ___/2 P.

6. Welches Tier versteckt sich in diesem Hörbeispiel? (HB 2)

   _____ ___/4 P.

7. Welches Tier tanzt wohl zu dieser Musik? (HB 3)

   _____ ___/4 P.

Erreichbare Punktzahl:	20 P.
Deine Punktzahl:	

B2.2 Tiere in der Musik (3. Kl.) – Unterrichtseinheit

> **Die Lernabschnitte im Überblick:**
> 1. Eigenschaften von Tieren in Musik erkennen
> 2. Eigenschaften von Tieren auf Instrumenten spielen
> 3. Tierlieder singen
> 4. Eigenschaften von Tieren Instrumenten zuordnen
> 5. Tierlieder musizieren
> 6. Eigenschaften von Tieren in Notationen identifizieren

1. Lernabschnitt: Eigenschaften von Tieren in Musik erkennen
- Das Tonbeispiel *Ente* (aus *Peter und der Wolf*) wird angehört und beschrieben (HB 4).
  → Ergebnis: Man hört ihre **Stimme**.
- Die Schüler imitieren die Stimme.
- Das Tonbeispiel mit den gemächlich watschelnden Pinguinen (aus *Das Zookonzert*) wird angehört und beschrieben (HB 5). → Ergebnis: Man hört die schwerfälligen **Bewegungen**.
- Schüler imitieren die Bewegungen.
- Das Tonbeispiel *Wolf* (aus *Peter und der Wolf*) wird angehört und beschrieben (HB 6).
  → Man hört, dass der Wolf ein Bösewicht ist (**Eigenschaft**).
- Schüler imitieren die Bewegungen und Mimik des Wolfes.
- Erweiterung: Die Tiere werden den entsprechenden Instrumenten zugeordnet.
  → Ergebnis: Ente: Oboe; Pinguine: Tuba; Wolf: Horn.

2. Lernabschnitt: Eigenschaften von Tieren auf Instrumenten spielen
- Der Lehrer legt verschiedene geeignete Instrumente bereit (Rhythmusinstrumente, Stabspiele, Blockflöte, …).
- Die Schüler erproben auf den Instrumenten Stimmlaute, Bewegungen und Eigenschaften von Tieren.

3. Lernabschnitt: Tierlieder singen
- Das Lied *Dieser Kuckuck, der mich neckt* (KV 4, S. 35) wird gesungen. Alternativ eignen sich die Lieder *Wenn der Elefant in die Disko geht* und *Miau, miau, hörst du mich schreien* gut.

4. Lernabschnitt: Eigenschaften von Tieren Instrumenten zuordnen
- Die Schüler hören die Beispiele von HB 7 an und identifizieren die jeweiligen Tiere.
- Sie erkennen Stimmlaute, Bewegungen und/oder Eigenschaften.
- Sie ordnen den Tieren die Musikinstrumente zu.

5. Lernabschnitt: Tierlieder musizieren
- Die Klasse singt gemeinsam das Lied *Zwei lange Schlangen* (KV 5, S. 36; HB 8). (Alternativ: *Alle Vögel sind schon da*; *Im Urwald, Forschern unbekannt*).
- Die Schüler üben die Einzelstimmen (KV 6, S. 37) mithilfe der CD (HB 9–11) auf Orff-Instrumenten.
- Die Schüler üben zum Playback (HB 12).
- Das Stück wird gemeinsam musiziert.

6. Lernabschnitt: Eigenschaften der Tiere in Notationen identifizieren
- Die Schüler betrachten zwei verschiedene Notationen (KV 7, S. 38) und beschreiben den Verlauf. Dargestellt werden Ausschnitte aus: *Der Kuckuck aus der Tiefe des Waldes* (*Karneval der Tiere*) und *Der Hummelflug*. Der Lehrer kann die Namen der Stücke abdecken.
- Die beiden Stücke werden angehört (HB 13 und 14).
- Die Schüler beschreiben, welche Tiere sie in der Musik erkennen.

B2.2 Tiere in der Musik (3. Kl.) – Unterrichtseinheit

KV 4

Dieser Kuckuck, der mich neckt

Text: Fr. Rückert, Melodie: E. Schmid, Satz: Ch. Wanjura-Hübner
mit freundlicher Genehmigung der Yamaha Music Europe GmbH

B2.2 Tiere in der Musik (3. Kl.) – Unterrichtseinheit

KV 5
HB 8, 12

Zwei lange Schlangen

Text: Wolfgang Hering/Bernd Meyerholz, Melodie: Wolfgang Hering
© TRIO KUNTERBUNT, Groß-Gerau
Satz und Arrangement: Werner Freitag

1. Eine kleine Schlange
   wird früh am Morgen wach.
   Sie räkelt sich und streckt sich,
   sagt freundlich: „Guten Tag."

   Refrain:
   O-la-la-la, o-la-la-la, (ksss, ksss, ksss).
   O-la-la-la, o-la-la-la, (ksss, ksss, ksss).

2. Eine andre Schlange
   kommt zufällig vorbei.
   Sie sieht die erste Schlange
   und ruft ganz einfach: „Hei!"

   Refrain

3. Zwei lange Schlangen,
   die schleichen querfeldein
   und beide beschließen,
   komm, lass uns Freunde sein.

   Refrain

4. Zwei lange Schlangen,
   die schmusen auch ganz gern.
   Und wenn sie so verschlungen sind,
   dann darf man sie nicht stör'n.

   Refrain

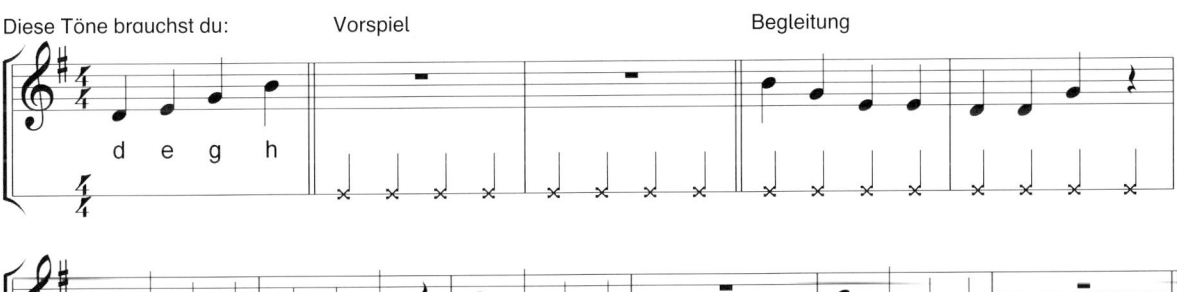

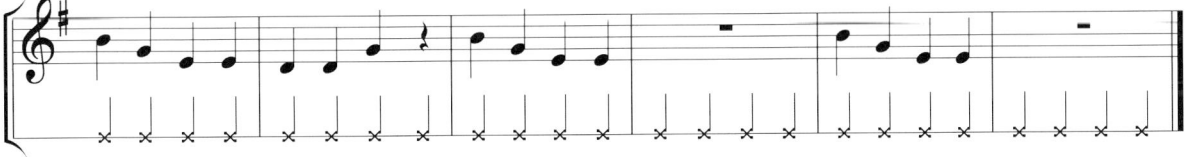

B2.2 Tiere in der Musik (3. Kl.) – Unterrichtseinheit

KV 6
HB 9–11

Zwei lange Schlangen – Einzelstimmen

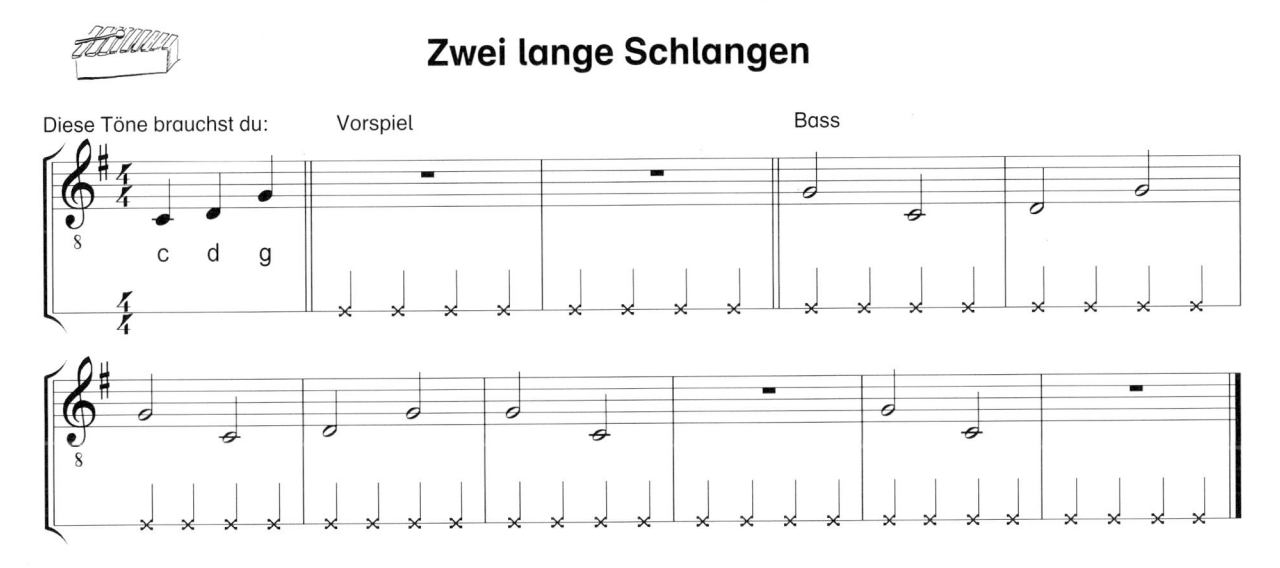

Zwei lange Schlangen

B2.2 Tiere in der Musik (3. Kl.) – Unterrichtseinheit

KV 7
HB 13

Der Kuckuck aus der Tiefe des Waldes

C. Saint-Saëns, Karneval der Tiere

HB 14

Der Hummelflug

N. Rimsky-Korsakow, Das Märchen vom Zaren Saltan

B2.2 Tiere in der Musik (3. Kl.) – Lernkontrolle

Name: _____ Klasse: _____ Datum: _____

1. Welches Instrument ist besonders geeignet, das Zwitschern und die Bewegungen eines Vogels nachzumachen?

   _____ ___ /2 P.

2. Welches Instrument kann die stampfenden Schritte eines sehr großen Tieres besonders deutlich nachahmen?

   _____ ___ /2 P.

3. Du hörst jetzt sechs Beispiele, bei denen Instrumente Tiere nachahmen. Erkennst du die Instrumente? (HB 15)

   1. Wolf _____ ___ /2 P.

   2. Pinguin _____ ___ /2 P.

   3. Elefant _____ ___ /2 P.

   4. Hummel _____ ___ /2 P.

   5. Känguru _____ ___ /2 P.

   6. Kuckuck _____ ___ /2 P.

4. Welches Instrument kann die klagende Stimme eines Tieres besonders gut nachahmen?

   _____ ___ /2 P.

B2.2 Tiere in der Musik (3. Kl.) – Lernkontrolle

Name: _____ Klasse: _____ Datum: _____

5. Was macht das Tier in diesem Notenbeispiel?

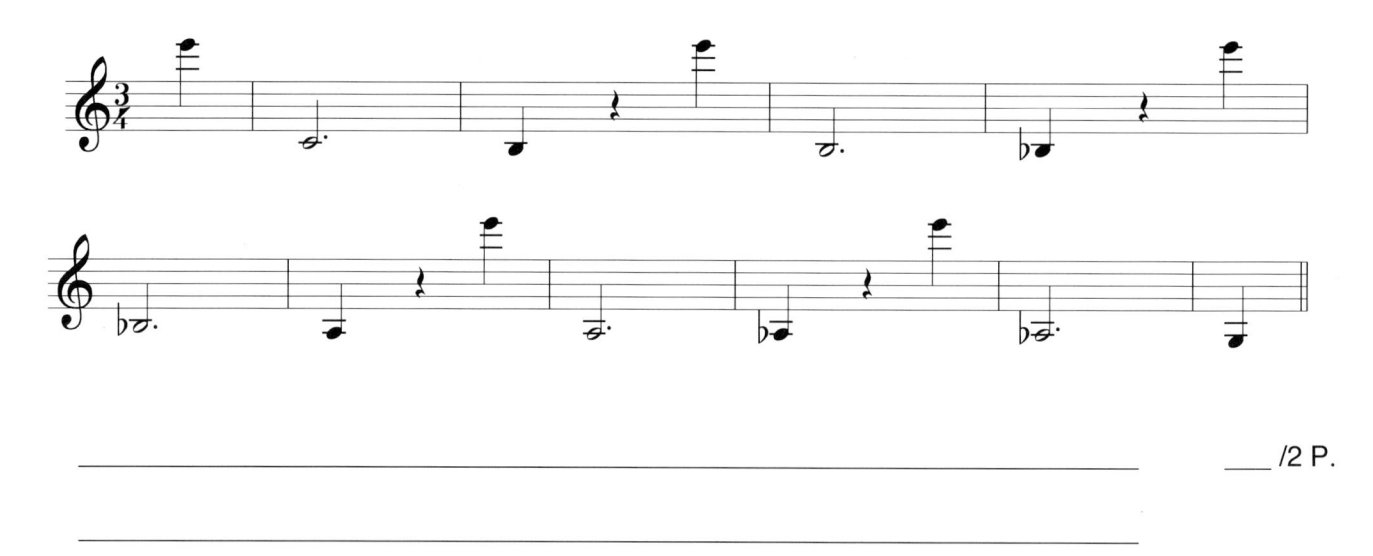

_____ ___/2 P.

_____

Erreichbare Punktzahl:	20 P.
Deine Punktzahl:	
Zusatzpunkte:	
Deine Gesamtpunktzahl:	
Note:	

B2.2 Tiere in der Musik (3. Kl.) – Leistungsbeurteilung

Beispiel-Lösung zur Lernstandserhebung (S. 33)

> Nachtigall – Meise – Kuckuck – Amsel – Schlange – Esel – Katze – Hund – Elefant

1. Schreibe zwei Tiere auf, die besonders durch ihre Stimme auffallen.

    1. **Meise** — 1/1 P.

    2. **Kuckuck*** — 1/1 P.
    *auch Nachtigall oder Amsel = 1 P.

2. Schreibe zwei Tiere auf, die besonders durch ihre Bewegung auffallen.

    1. **Schlange** — 1/1 P.

    2. Elefant — 0/1 P.

3. Welches Rhythmusinstrument ist besonders gut geeignet, um das Hämmern des Spechts nachzuahmen?

    Trommel* — 1/2 P.
    *Triangel = 0 P., Trommel = 1 P., Holzblock/Klanghölzer = 2 P.

4. Mit welchem Instrument könnte man den Ruf des Kuckucks nachahmen?

    Violine* — 2/4 P.
    *Trommel = 0 P., Röhrenholztrommel = 1 P., Violine = 2 P., Klarinette = 4 P.

5. Kennst du einen Waldvogel, der immer nur zwei Töne singt?

    Kuckuck — 2/2 P.

6. Welches Tier versteckt sich in diesem Hörbeispiel? (HB 2)

    Katze — 4/4 P.

7. Welches Tier tanzt wohl zu dieser Musik? (HB 3)

    Vogel* — 0/4 P.
    *Vogel = 0 P., Katze = 1 P., Hund = 2 P., Esel = 3 P., Elefant = 4 P.

Erreichbare Punktzahl:	20 P.
Deine Punktzahl:	12. P

B2.2 Tiere in der Musik (3. Kl.) – Leistungsbeurteilung

Beispiel-Lösung zur Lernkontrolle (S. 39 f.)

1. Welches Instrument ist besonders geeignet, das Zwitschern und die Bewegungen eines Vogels nachzumachen?

   Querflöte — 2/2 P.

2. Welches Instrument kann die stampfenden Schritte eines sehr großen Tieres besonders deutlich nachahmen?

   Tuba* — 2/2 P.
   *auch Kontrabass = 2 P.

3. Du hörst jetzt sechs Beispiele, bei denen Instrumente Tiere nachahmen. Erkennst du die Instrumente? (HB 15)

   1. Wolf — **Horn** — 2/2 P.

   2. Pinguin — **Tuba** — 2/2 P.

   3. Elefant — **Kontrabass** — 2/2 P.

   4. Hummel — Violine — 0/2 P.

   5. Känguru — **Klavier** — 2/2 P.

   6. Kuckuck — **Klarinette** — 2/2 P.

4. Welches Instrument kann die klagende Stimme eines Tieres besonders gut nachahmen?

   Pauke* — 0/2 P.
   *Pauke = 0 P., Violine = 1 P., Oboe = 2 P.

B2.2 Tiere in der Musik (3. Kl.) – Leistungsbeurteilung

5. Was macht das Tier in diesem Notenbeispiel?

Es ruft mit einem hohen und einem tiefen Ton, z. B. Esel.   2/2 P.

Erreichbare Punktzahl:	20 P.
Deine Punktzahl:	**16 P.**
Zusatzpunkte:	**1 P.**
Deine Gesamtpunktzahl:	**17 P.**
Note:	**1**

B2.2 Tiere in der Musik (3. Kl.) – Leistungsbeurteilung

Lernzuwachs in Punkten	Zusatzpunkte
1–4	1
5–8	2
9–12	3
13–16	4
17–20	5

Punkteverteilung	Note
20–17	1
16–14	2
13–11	3
10–8	4
7–0	5

Abschließende beispielhafte Leistungsbeurteilung unter Berücksichtigung des Lernzuwachses:

Lernstandserhebung:	12 P.
Lernkontrolle:	16 P.
Lernzuwachs:	4 P.
Zusatzpunkte:	1 P.
Gesamtpunktzahl:	16 P. + 1 P. = 17 P.
Note:	1

B2.3 Wolfgang Amadeus Mozart (4. Kl.) – Lernstandserhebung

Name: _____ Klasse: _____ Datum: _____

1. Was weißt du über Wolfgang Amadeus Mozart?

   _____ ___/3 P.

   _____

   _____

2. Zeichne eine Viertelnote und eine Halbe Note.

Viertelnote	
Halbe Note	

___/1 P.

___/1 P.

3. Nenne die drei Familien der Rhythmusinstrumente und schreibe je ein Instrument daraus auf.

Familie	Instrument

___/2 P.

___/2 P.

___/2 P.

4. Nenne drei Orchesterinstrumente.

   _____ ___/3 P.

   _____

   _____

B2.3 Wolfgang Amadeus Mozart (4. Kl.) – Lernstandserhebung

Name: _____ Klasse: _____ Datum: _____

5. Schreibe die Namen der Noten unter Mozarts „Eine kleine Nachtmusik".

_____ ___/4 P.

6. Du hörst jetzt ein Beispiel aus „Peter und der Wolf".
Wie heißt das Orchesterinstrument, das die Katze darstellt? (HB 2)

_____ ___/2 P.

Erreichbare Punktzahl:	20 P.
Deine Punktzahl:	

B2.3 Wolfgang Amadeus Mozart (4. Kl.) – Unterrichtseinheit

Die Lernabschnitte im Überblick:
1. Wissen über Wolfgang Amadeus Mozart sammeln
2. „Eine kleine Nachtmusik" mitspielen
3. „Die Entführung aus dem Serail" szenisch darstellen
4. Singstimmen der Oper anhören
5. Ein Hornkonzert als Rondo erkennen

1. Lernabschnitt: Wissen über Wolfgang Amadeus Mozart sammeln
- Der Lehrer spielt das Hörbeispiel *„Eine kleine Nachtmusik"* (HB 16, Anfang) ein.
- Die Schüler sammeln ihre Kenntnisse über Mozart (Geburtsort, Wunderkind, früher Tod, Leben in Salzburg und Wien, viele Reisen als Kind usw.). Der Lehrer ergänzt.
- Die wichtigsten Informationen werden aufgeschrieben.

2. Lernabschnitt: „Eine kleine Nachtmusik" mitspielen
- Der Lehrer spielt erneut den Anfang des 1. Satzes aus *„Eine kleine Nachtmusik"* (HB 16) ein.
- Die Schüler betrachten die Rhythmuspartitur (mit Stimmenzahl, Notenwerten und Pausen) (KV 8, S. 48).
- Die Schüler wählen passende Spielinstrumente aus (Lautstärke beachten!).
- Die Schüler klatschen die Takte 1 und 2 und übertragen sie anschließend auf die Instrumente.
- Das Stück wird in drei Gruppen geübt.
- Alle Schüler üben gemeinsam, ohne und mit CD (HB 16).

3. Lernabschnitt: „Die Entführung aus dem Serail" szenisch darstellen
- Der Lehrer führt kurz in die Szene aus Mozarts Oper *„Die Entführung aus dem Serail"* ein.
- Die Schüler lesen den Text mit verteilten Rollen (KV 9, S. 49).
- Die Musik wird eingespielt (HB 17).
- Die Klasse bereitet die szenische Darstellung vor: Darsteller, Kostüme, Kulissen, …
- Die Klasse spielt das Stück mit Einblenden der Musik mehrmals durch und führt es im Klassen- oder Schulrahmen auf.

4. Lernabschnitt: Singstimmen der Oper anhören
- Die Orchesterinstrumente für hohe und tiefe Stimmen werden wiederholt.
- Der Lehrer erklärt: „Auch bei den Menschen gibt es hohe und tiefe Stimmen. Hoch: Sopran und Tenor; Tief: Alt und Bass."
- Den Stimmlagen werden einige Tonbeispiele zugeordnet (HB 18).
- Die Stimmlagen werden mit Orchesterinstrumenten verglichen. Hoch: Sopran – Violine usw. (HB 19).

5. Lernabschnitt: Ein Hornkonzert als Rondo erkennen
- Der Anfang des 3. Satzes von Mozarts Hornkonzert Nr. 2 (HB 20) wird angehört und das Soloinstrument bestimmt.
- Das Hauptthema wird im Notenbild betrachtet und das Metrum mitgeklatscht (KV 10, S. 50; HB 20).
- Der gesamte Satz wird erneut angehört; dabei heben die Schüler die Hand, wenn das Hauptthema A ertönt.
- Der Lehrer legt Buchstabenkärtchen für die einzelnen Formteile ungeordnet aus.
- Das Stück wird nochmal angehört und die Kärtchen geordnet: A B A C A D A.
  → Ergebnis: Die Musik hat die Form eines Rondos.

B2.3 Wolfgang Amadeus Mozart (4. Kl.) – Unterrichtseinheit

KV 8
HB 16

Mitspielsatz „Eine kleine Nachtmusik"

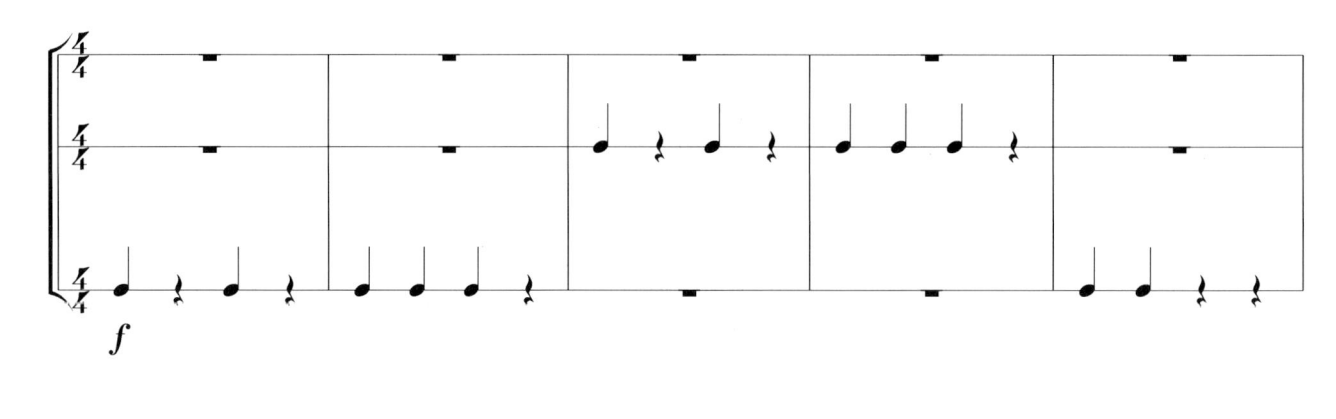

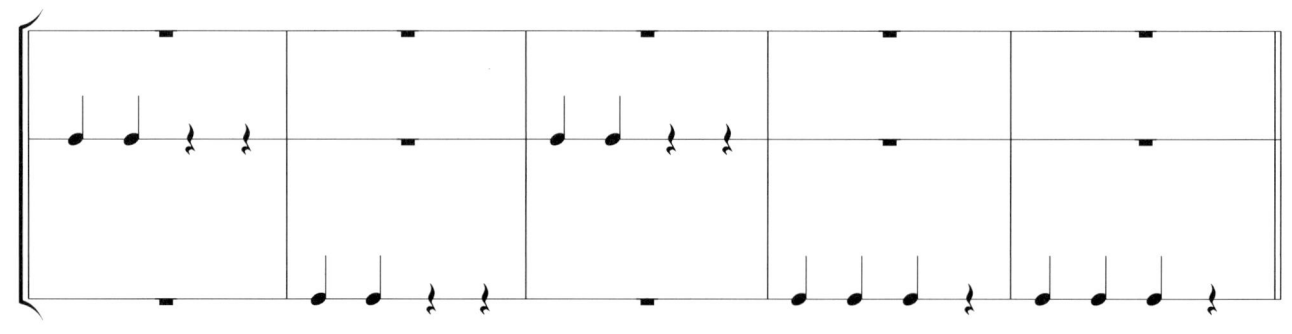

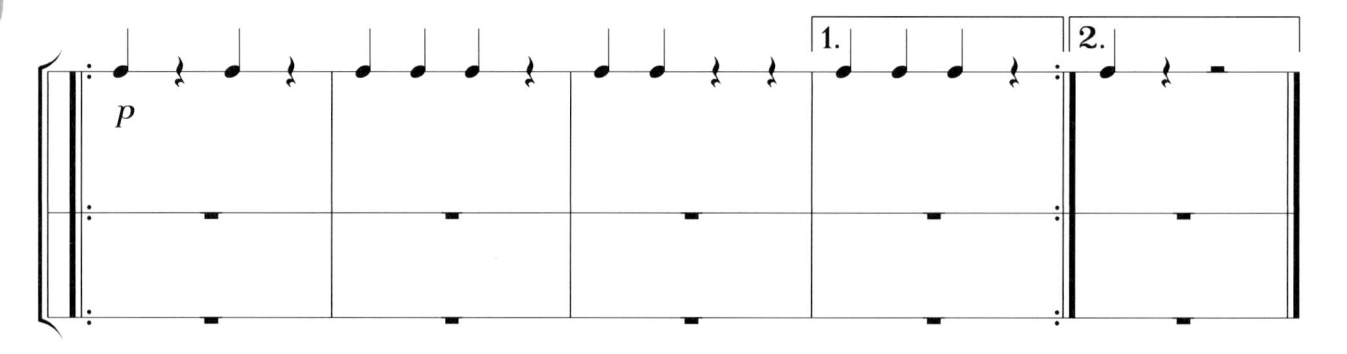

B2.3 Wolfgang Amadeus Mozart (4. Kl.) – Unterrichtseinheit

KV 9
HB 17

Szene aus „Die Entführung aus dem Serail"

Pedrillo	Alles schläft, alles ist ruhig.
Belmonte	Nun, so lass sie uns befreien. Wo ist die Leiter?
Pedrillo	Geben Sie acht, dass wir nicht überrascht werden. Nun, so sei es gewagt!

Pedrillo singt: In Mohrenland … (HB 17)

Pedrillo	Sie macht auf, Herr, sie macht auf!
Belmonte	Ich komme, ich komme!
Konstanze	Belmonte!
Belmonte	Konstanze, hier bin ich, rasch, die Leiter! Nun hab ich dich wieder, nichts soll uns trennen.
Konstanze	Wie ängstlich schlägt mein Herz!
Pedrillo	Blondchen, Blondchen, mach auf, zaudre nicht!
Osmin	Gift und Dolch, was ist da? Wer kann ins Haus einsteigen? Das sind Diebe und Mörder!
Blonde	Pedrillo, wir sind verloren!
Osmin	Warte, Spitzbube, du sollst mir nicht entkommen! Ach, endlich! Gift und Dolch, seh ich recht? Ihr beide?
Pedrillo	Brüderchen, wirst doch Spaß verstehen? Ich wollte dein Weibchen nur ein wenig spazieren führen, weil du heute nicht so gut aufgelegt warst.
Osmin	Sieh da, Konstanze in feiner Gesellschaft. Hat der Herr Baumeister auch spazieren gehen wollen? Nun wird der Bassa sehen, welch sauberes Völkchen er um sich versammelt hat.
Belmonte	Kann man mit euch ein vernünftiges Wort reden? Hier ist ein Beutel Gold, er gehört euch.
Osmin	Ich glaube wohl, euer Gold brauchen wir nicht, das bekommen wir sowieso, eure Köpfe wollen wir! Ab mit euch zum Bassa!
Konstanze u. Belmonte	Habt doch Erbarmen!!
Osmin	Um nichts in der Welt, ich habe mir längst so einen Augenblick gewünscht, fort mit euch!

Osmin singt: Ha, wie will ich triumphieren! (HB 17)

Bassa	Nun elender Sklave! Erwartest du dein Urteil?
Belmonte	Ja, Bassa, kühle deine Rache an mir und tilge das Unrecht, das mein Vater dir angetan.
Bassa	Nein, Belmonte, ich habe deinen Vater zu sehr verachtet, als dass ich in seine Fußstapfen treten möchte. Nehmt eure Freiheit und sagt zu Hause, es wäre ein größeres Vergnügen, eine erlittene Ungerechtigkeit durch Wohltaten zu vergelten, als Verbrechen mit Verbrechen zu vergelten.

Belmonte singt: Nie werd ich deine Huld verkennen. (HB 17)

B2.3 Wolfgang Amadeus Mozart (4. Kl.) – Unterrichtseinheit

KV 10
HB 20

2. Hornkonzert, 3. Satz von Wolfgang Amadeus Mozart

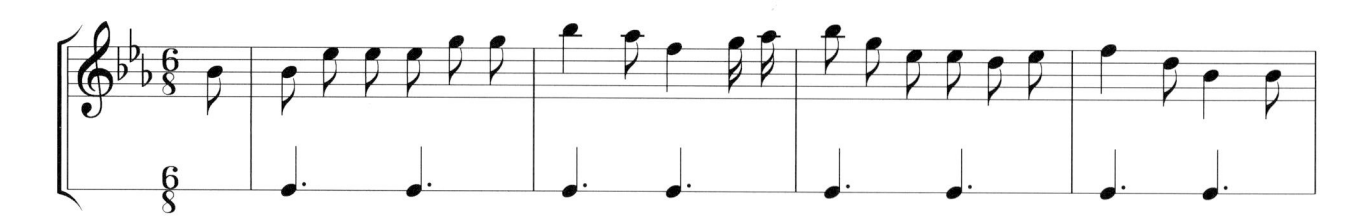

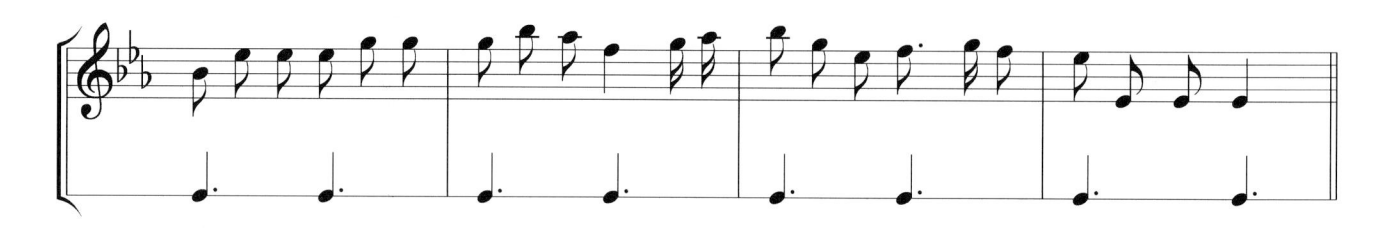

B2.3 Wolfgang Amadeus Mozart (4. Kl.) – Lernkontrolle

Name: _____ Klasse: _____ Datum: _____

1. Vervollständige den Lückentext zu Wolfgang Amadeus Mozarts Lebenslauf.

> Wolfgang Amadeus Mozart wurde im Jahre _____ in
>
> _____ geboren. Er war musikalisch außerordentlich
>
> begabt und galt als _____. Schon als kleines Kind
>
> unternahm er zusammen mit seinem Vater viele Konzertreisen,
>
> zum Beispiel nach _____. Bei allen Reisen fuhr er
>
> mit der _____. Seine erste Anstellung erhielt er
>
> beim Erzbischof von _____.
>
> Später lebte und arbeitete er in _____.
>
> Er schrieb zahlreiche berühmt gewordene Werke, zum Beispiel
>
> _____.
>
> Mozart starb im Alter von _____ Jahren.

___ /3 P.

2. Wie heißen die vier menschlichen Stimmlagen?

1. _____ ___ /1 P.
2. _____ ___ /1 P.
3. _____ ___ /1 P.
4. _____ ___ /1 P.

3. Schreibe die vier Stimmlagen in der Reihenfolge auf, in der du sie jetzt hörst. (HB 21)

1. _____ ___ /1 P.
2. _____ ___ /1 P.
3. _____ ___ /1 P.
4. _____ ___ /1 P.

B2.3 Wolfgang Amadeus Mozart (4. Kl.) – Lernkontrolle

Name: _____ Klasse: _____ Datum: _____

4. Ordne den drei Rhythmuszeilen von „Eine kleine Nachtmusik" je ein passendes Instrument zu und achte darauf, dass sich die Klangfarben deutlich unterscheiden.

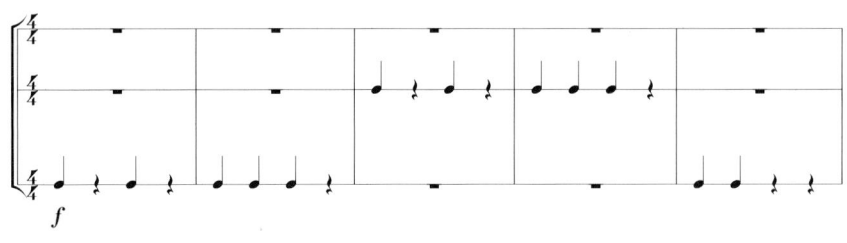

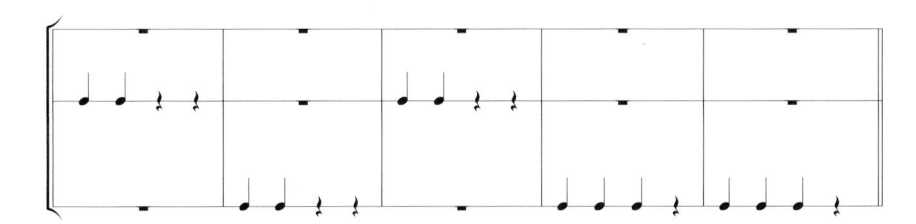

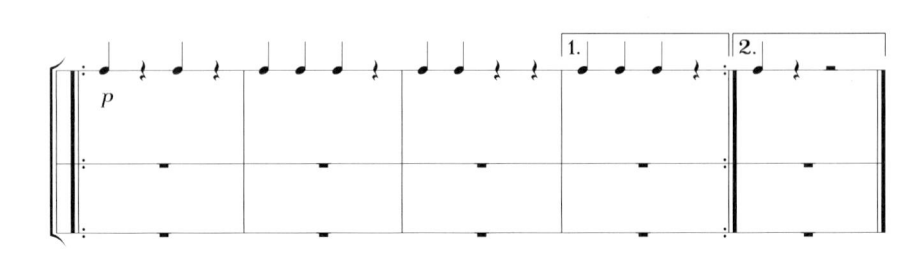

1. _____ ___/1 P.

2. _____ ___/1 P.

3. _____ ___/1 P.

5. Nenne vier Personen, die in „Die Entführung aus dem Serail" mitwirken.

1. _____ ___/1 P.

2. _____ ___/1 P.

3. _____ ___/1 P.

4. _____ ___/1 P.

6. Wie heißt die musikalische Form, bei der sich ein Hauptthema mit verschiedenen Nebenthemen abwechselt?

_____ ___/2 P.

Erreichbare Punktzahl:	20 P.
Deine Punktzahl:	
Zusatzpunkte:	
Deine Gesamtpunktzahl:	
Note:	

B Praxis der Leistungsmessung und -beurteilung

B2.3 Wolfgang Amadeus Mozart (4. Kl.) – Leistungsbeurteilung

Beispiel-Lösung zur Lernstandserhebung (S. 45 f.)

1. Was weißt du über Wolfgang Amadeus Mozart?

   <u>Wunderkind, Kleine Nachtmusik, Salzburg</u>　　　　　　　　　　　　3/3 P.

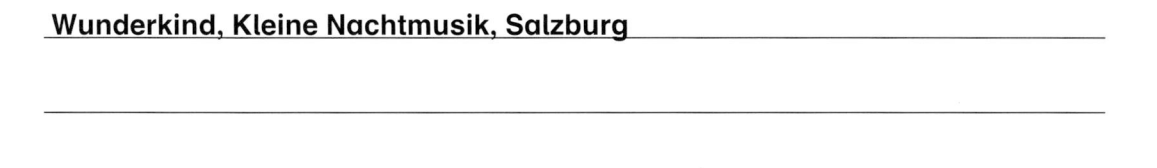

2. Zeichne eine Viertelnote und eine Halbe Note.

Viertelnote	♩	1/1 P.
Halbe Note	♩ (halbe)	1/1 P.

3. Nenne die drei Familien der Rhythmusinstrumente und schreibe je ein Instrument daraus auf.

Familie	Instrument	
Fellinstrumente	**Trommel**	2/2 P.
Holzinstrumente	**Klanghölzer**	2/2 P.
Metallinstrumente	Becken	0/2 P.

4. Nenne drei Orchesterinstrumente.

   <u>**Flöte, Geige,** Trompete</u>　　　　　　　　　　　　2/3 P.

B2.3 Wolfgang Amadeus Mozart (4. Kl.) – Leistungsbeurteilung

5. Schreibe die Namen der Noten unter Mozarts „Eine kleine Nachtmusik".

g   d   g   d   g   d   g   h   d   1/4 P.

6. Du hörst jetzt ein Beispiel aus „Peter und der Wolf".
Wie heißt das Orchesterinstrument, das die Katze darstellt? (HB 2)

Klarinette   0/2 P.

Erreichbare Punktzahl:	20 P.
Deine Punktzahl:	**12 P.**

B2.3 Wolfgang Amadeus Mozart (4. Kl.) – Leistungsbeurteilung

Beispiel-Lösung zur Lernkontrolle (S. 51 f.)

1. Vervollständige den Lückentext zu Wolfgang Amadeus Mozarts Lebenslauf.

> Wolfgang Amadeus Mozart wurde im Jahre **1756** in **Salzburg** geboren. Er war musikalisch außerordentlich begabt und galt als **Wunderkind**. Schon als kleines Kind unternahm er zusammen mit seinem Vater viele Konzertreisen, zum Beispiel nach Italien. Bei allen Reisen fuhr er mit der **Kutsche**. Seine erste Anstellung erhielt er beim Erzbischof von **Salzburg**.
> Später lebte und arbeitete er in Wien.
> Er schrieb zahlreiche berühmt gewordene Werke, zum Beispiel **Eine kleine Nachtmusik**.
> Mozart starb im Alter von 35 Jahren.

2/3 P.

2. Wie heißen die vier menschlichen Stimmlagen?

1. **Sopran** — 1/1 P.
2. Alt — 0/1 P.
3. **Tenor** — 1/1 P.
4. **Bass** — 1/1 P.

3. Schreibe die vier Stimmlagen in der Reihenfolge auf, in der du sie jetzt hörst. (HB 21)

1. **Alt** — 1/1 P.
2. **Bass** — 1/1 P.
3. **Sopran** — 1/1 P.
4. Tenor — 0/1 P.

B2.3 Wolfgang Amadeus Mozart (4. Kl.) – Leistungsbeurteilung

4. Ordne den drei Rhythmuszeilen von „Eine kleine Nachtmusik" je ein passendes Instrument zu und achte darauf, dass sich die Klangfarben deutlich unterscheiden.

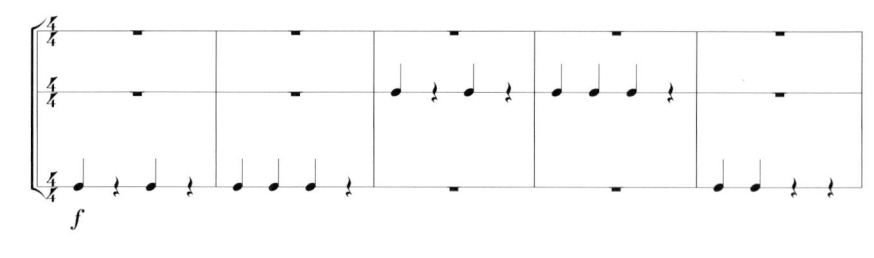

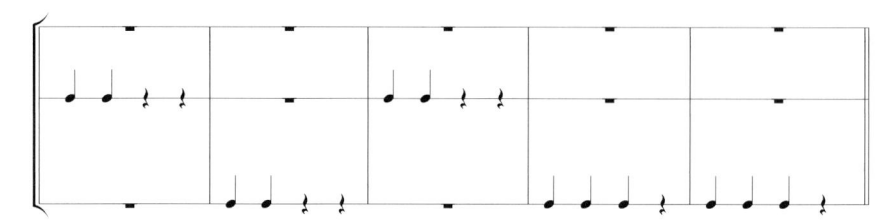

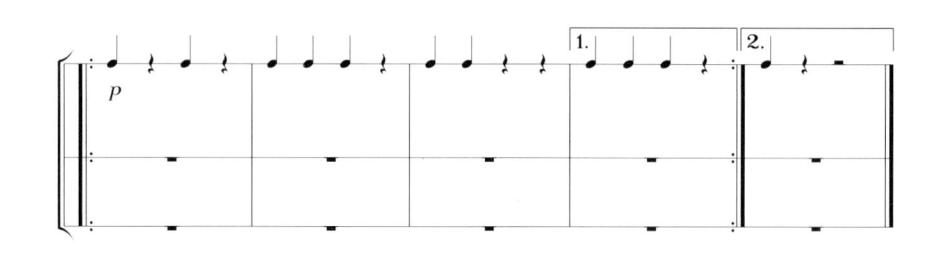

   1. **Triangel**   1/1 P.

   2. **Holzblock**   1/1 P.

   3. **Trommel**   1/1 P.

5. Nenne vier Personen, die in „Die Entführung aus dem Serail" mitwirken.

   1. **Osmin**   1/1 P.

   2. **Pedrillo**   1/1 P.

   3. **Blonde**   1/1 P.

   4. Bassa   0/1 P.

6. Wie heißt die musikalische Form, bei der sich ein Hauptthema mit verschiedenen Nebenthemen abwechselt?

   Rondo   2/2 P.

Erreichbare Punktzahl:	20 P.
Deine Punktzahl:	**16 P.**
Zusatzpunkte:	**1 P.**
Deine Gesamtpunktzahl:	**17 P.**
Note:	**1**

B2.3 Wolfgang Amadeus Mozart (4. Kl.) – Leistungsbeurteilung

Lernzuwachs in Punkten	Zusatzpunkte
1–4	1
5–8	2
9–12	3
13–16	4
17–20	5

Punkteverteilung	Note
20–17	1
16–14	2
13–11	3
10–8	4
7–0	5

Abschließende beispielhafte Leistungsbeurteilung unter Berücksichtigung des Lernzuwachses:

Lernstandserhebung: 12 P.
Lernkontrolle: 16 P.
Lernzuwachs: 4 P.
Zusatzpunkte: 1 P.
Gesamtpunktzahl: 16 P. + 1 P. = 17 P.
Note: 1

B2.4 Musik kann etwas erzählen (4. Kl.) – Lernstandserhebung

Name: _____ Klasse: _____ Datum: _____

1. Welches Orchesterinstrument kann besonders gut hohe Töne spielen?

_____ ___/2 P.

2. Welches Instrument kann sehr tiefe Töne spielen?

_____ ___/2 P.

3. Welche Instrumente eignen sich besonders gut, um Regentropfen, das Heulen des Windes und das Schleichen einer Katze nachzuahmen?

Regentropfen:	
Heulen des Windes:	
Schleichen einer Katze:	

___/1 P.
___/1 P.
___/1 P.

4. Welches Zeichen ist am besten geeignet, um darzustellen, dass die Musik lauter wird? Kreuze an.

___/2 P.

B2.3 Wolfgang Amadeus Mozart (4. Kl.) – Leistungsbeurteilung

Lernzuwachs in Punkten	Zusatzpunkte
1–4	1
5–8	2
9–12	3
13–16	4
17–20	5

Punkteverteilung	Note
20–17	1
16–14	2
13–11	3
10–8	4
7–0	5

Abschließende beispielhafte Leistungsbeurteilung unter Berücksichtigung des Lernzuwachses:

Lernstandserhebung: 12 P.
Lernkontrolle: 16 P.
Lernzuwachs: 4 P.
Zusatzpunkte: 1 P.
Gesamtpunktzahl: 16 P. + 1 P. = 17 P.
Note: 1

B2.4 Musik kann etwas erzählen (4. Kl.) – Lernstandserhebung

Name: _____ Klasse: _____ Datum: _____

1. Welches Orchesterinstrument kann besonders gut hohe Töne spielen?

_____ ___ /2 P.

2. Welches Instrument kann sehr tiefe Töne spielen?

_____ ___ /2 P.

3. Welche Instrumente eignen sich besonders gut, um Regentropfen, das Heulen des Windes und das Schleichen einer Katze nachzuahmen?

Regentropfen:	
Heulen des Windes:	
Schleichen einer Katze:	

___ /1 P.

___ /1 P.

___ /1 P.

4. Welches Zeichen ist am besten geeignet, um darzustellen, dass die Musik lauter wird? Kreuze an.

___ /2 P.

B2.4 Musik kann etwas erzählen (4. Kl.) – Lernstandserhebung

Name: _____   Klasse: _____   Datum: _____

5. Nenne die drei Familien der Rhythmusinstrumente.

_____ ___/2 P.

_____ ___/2 P.

_____ ___/2 P.

6. Du hörst jetzt Musik, die ein großes Tier darstellt.
Was macht das Tier?
Wie heißt das Instrument? (HB 3)

Bewegungen des Tieres:	
Name des Instruments:	

___/1 P.

___/2 P.

7. Was ahmt die Musik nach, die du jetzt hörst? (HB 14)

_____ ___/2 P.

_____

Erreichbare Punktzahl:	20 P.
Deine Punktzahl:	

B2.4 Musik kann etwas erzählen (4. Kl.) – Unterrichtseinheit

Die Lernabschnitte im Überblick:

1. Ein Bild betrachten
2. Musikbeispiele hören und bestimmten Situationen zuordnen
3. Die unheimliche Stimmung in der Wolfsschlucht „hören"
4. Einen Fluss „hören"
5. Die Instrumente des klassischen Orchesters kennenlernen
6. Instrumente zum Darstellen bestimmter Situationen sammeln

1. Lernabschnitt: Ein Bild betrachten

- Ein Bild mit Gewitteratmosphäre wird betrachtet. Lehrer: „Was seht ihr auf dem Bild, wovon handelt es? Mit welchen Instrumenten kann man das Gewitter darstellen?"
  → Die Schüler sammeln Vorschläge.
- Die Verlaufsplanung und Umsetzung mit Instrumenten wird festgelegt.

2. Lernabschnitt: Musikbeispiele hören und bestimmten Situationen zuordnen

- Der Lehrer spielt drei Musikbeispiele vor:
  – *Jahrmarktszene* (aus *Petruschka*; HB 22)
  – *Fahrender Güterzug* (aus *Pacific 231*; HB 23)
  – *Gewitter* (aus Beethovens *6. Sinfonie, 4. Satz*; HB 24)
- Die Schüler beschreiben die Situationen und nennen wichtige Instrumente.

3. Lernabschnitt: Die unheimliche Stimmung in der Wolfsschlucht „hören"

- Lehrer: „Warum ist es in der Wolfsschlucht so unheimlich?"
  → Die Schüler äußern Vermutungen.
- Der Text der Szene (KV 11, S. 61) wird gelesen.
- Der Lehrer spielt die Szene (HB 25) vor.
- Die Schüler beschreiben die Stimmung und überlegen, wie sie musikalisch erreicht wird.

4. Lernabschnitt: Einen Fluss „hören"

- Das Stück *Die Moldau* (HB 26) wird angehört und die Namen der einzelnen Szenen (KV 12, S. 62) zugeordnet (Begründungen!).
- Die Schüler malen zur Musik.

5. Lernabschnitt: Die Instrumente des klassischen Orchesters kennenlernen

- Der Musikausschnitt *Gewitter* (HB 24) wird erneut angehört und die wichtigsten Instrumente werden notiert.
- Der Lehrer zeigt auf der Folie die zugehörige Partitur (KV 13, S. 62).
- Die Schüler erschließen sich aus den Abkürzungen die Instrumente und ergänzen sie auf der Folie.
- Die Instrumentenfamilien des klassischen Orchesters werden an der Tafel aufgelistet: Holzbläser, Blechbläser, Schlagwerk, Streicher.

6. Lernabschnitt: Instrumente zum Darstellen bestimmter Situationen sammeln

- Die Schüler sammeln Ideen für Instrumente zum Darstellen verschiedener Situationen:
  – Instrumente für fröhliche und muntere Musik,
  – Instrumente für geheimnisvolle und Angst einflößende Musik,
  – Instrumente, um schwerfällige, langsame Bewegungen darzustellen.

B2.4 Musik kann etwas erzählen (4. Kl.) – Unterrichtseinheit

KV 11
HB 25

Auszug aus der Wolfsschluchtszene (aus „Der Freischütz")

Um Mitternacht sitzen die Jäger Kaspar und Max in der unheimlichen Wolfsschlucht vor einem Zauberfeuer und bereiten das Gießen von Gewehrkugeln vor. Kaspar ruft den Teufel Samiel herbei, der die siebte Kugel verwünschen soll, sodass ein Zauber sie an ihr Ziel lenkt.

Personen und Regieanweisungen	Text
Kaspar ruft	Schütze, der im Dunkeln wacht! Samiel, Samiel, hab acht! Steh mir bei in dieser Nacht, Bis der Zauber ist vollbracht! Salbe mir so Kraut als Blei, Seg´n es sieben, neun und drei, Dass die Kugel tüchtig sei! Samiel, Samiel, herbei!
Kaspar gießt eine Kugel und ruft Echo wiederholt	Eins! Eins!
Kaspar gießt und zählt Echo	Zwei! Zwei!
Kaspar stutzt und zählt Echo	Drei! Drei!
Kaspar zählt ängstlich Echo	Vier! Vier!
Kaspar zählt; immer ängstlicher Echo	Fünf! Fünf!
Chor, unsichtbar	Durch Berg und Tal, Durch Schlund und Schacht, Durch Tau und Wolken, Sturm und Nacht! Durch Höhle, Sumpf und Erdenkluft, Durch Feuer, Erde, See und Luft, Jaho! Wauwau! Ho! Ho! Ho! Ho! Ho! Ho! Ho! Ho!
Kaspar Echo	Wehe, das wilde Heer! Sechs! Wehe! Sechs! Wehe!
Kaspar zuckend und schreiend	Samiel! – Samiel! Hilf! – Sieben!
Echo	Sieben!
Max, gleichfalls in großer Angst, schreit	Samiel!
Samiel mit furchtbarer Stimme	Hier bin ich!

B2.4 Musik kann etwas erzählen (4. Kl.) – Unterrichtseinheit

KV 12
HB 26

Die Flusslandschaft in „Die Moldau"

1. Die zwei Quellen der Moldau
2. Die Jagd im Wald
3. Bauernhochzeit
4. Die Moldau strömt breit dahin

KV 13
HB 24

Beethovens „6. Sinfonie, 4. Satz: Gewitter"

B2.4 Musik kann etwas erzählen (4. Kl.) – Lernkontrolle

Name: _____ Klasse: _____ Datum: _____

1. Welches Instrument eignet sich besonders gut, um ein Gewitter nachzuahmen? Begründe dies.

   _____ ___/1 P.

   _____

2. Mit welchen Instrumenten kann man eine fahrende Dampflokomotive nachahmen? Begründe dies.

   _____ ___/1 P.

   _____

3. Wie heißen die beiden handelnden Personen in der Wolfsschluchtszene aus der Oper „Der Freischütz"?

   1. _____ ___/1 P.

   2. _____ ___/1 P.

4. Nenne zwei Szenen aus dem Stück „Die Moldau".

   1. _____ ___/1 P.

   2. _____ ___/1 P.

5. Nenne die drei wichtigsten Instrumentenfamilien, die im klassischen Orchester vorkommen, und schreibe je zwei Instrumente aus der Familie auf.

Instrumentenfamilie	Instrumente
	1.
	2.
	1.
	2.
	1.
	2.

___/3 P.

___/3 P.

___/3 P.

B2.4 Musik kann etwas erzählen (4. Kl.) – Lernkontrolle

Name: _____ Klasse: _____ Datum: _____

6. Wie heißt das Instrument, das du jetzt hörst? (HB 27)

_____ ___/2 P.

7. Wie hat der Komponist Joseph Haydn den Aufgang der Sonne in seinen Noten musikalisch dargestellt? Beschreibe dies mit deinen Worten.

_____ ___/3 P.

_____

_____

Erreichbare Punktzahl:	20 P.
Deine Punktzahl:	
Zusatzpunkte:	
Deine Gesamtpunktzahl:	
Note:	

B2.4 Musik kann etwas erzählen (4. Kl.) – Leistungsbeurteilung

Beispiel-Lösung zur Lernstandserhebung (S. 58 f.)

1. Welches Orchesterinstrument kann besonders gut hohe Töne spielen?

   Violine*   2/2 P.

   * Posaune = 0 P., Violoncello = 1 P., Querflöte/Violine = 2 P.

2. Welches Instrument kann sehr tiefe Töne spielen?

   Klarinette*   0/2 P.

   * Klarinette = 0 P., Horn = 1 P., Tuba/Kontrabass/Fagott = 2 P.

3. Welche Instrumente eignen sich besonders gut, um Regentropfen, das Heulen des Windes und das Schleichen einer Katze nachzuahmen?

Regentropfen:	**Trommel**	1/1 P.
Heulen des Windes:	**Blockflöte**	1/1 P.
Schleichen einer Katze:	Klarinette	0/1 P.

4. Welches Zeichen ist am besten geeignet, um darzustellen, dass die Musik lauter wird? Kreuze an.

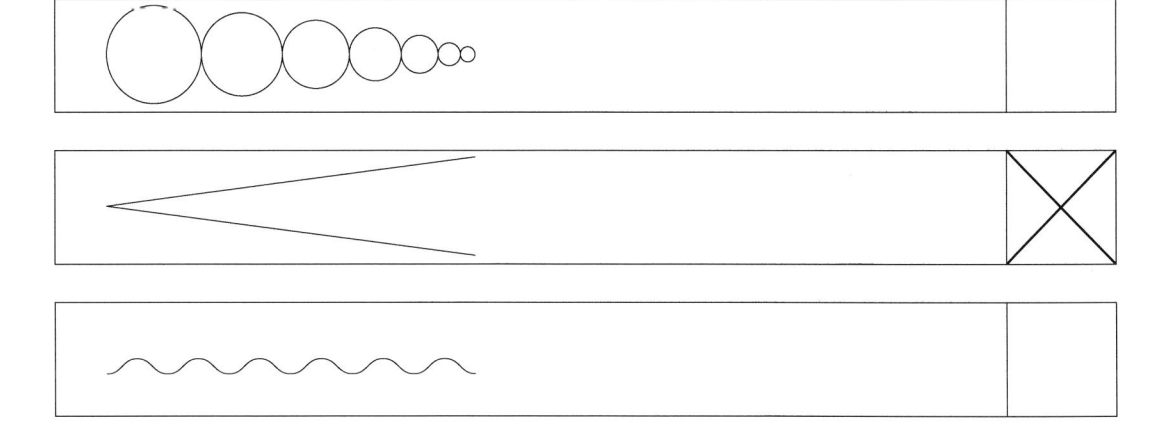

   2/2 P.

B2.4 Musik kann etwas erzählen (4. Kl.) – Leistungsbeurteilung

5. Nenne die drei Familien der Rhythmusinstrumente.

   Holzinstrumente _____ **2/2 P.**

   Metallinstrumente _____ **2/2 P.**

   Fellinstrumente _____ **0/2 P.**

6. Du hörst jetzt Musik, die ein großes Tier darstellt.
   Was macht das Tier?
   Wie heißt das Instrument? (HB 3)

Bewegungen des Tieres:	**tanzen**
Name des Instruments:	**Geige***

   1/1 P.

   1/2 P.

   * Tuba = 0 P., Geige/Cello = 1 P., Kontrabass = 2 P.

7. Was ahmt die Musik nach, die du jetzt hörst? (HB 14)

   Summen einer Hummel _____ **0/2 P.**

   _____

Erreichbare Punktzahl:	20 P.
Deine Punktzahl:	**12 P.**

B2.4 Musik kann etwas erzählen (4. Kl.) – Leistungsbeurteilung

Beispiel-Lösung zur Lernkontrolle (S. 63 f.)

1. Welches Instrument eignet sich besonders gut, um ein Gewitter nachzuahmen? Begründe dies.

    Pauke. Sie kann gut donnern.   1/1 P.

2. Mit welchen Instrumenten kann man eine fahrende Dampflokomotive nachahmen? Begründe dies.

    Posaune*. Sie kann gut fauchen.   1/1 P.

    * Alle Blechblasinstrumente können hier genannt werden.

3. Wie heißen die beiden handelnden Personen in der Wolfsschluchtszene aus der Oper „Der Freischütz"?

    1. **Kaspar**   1/1 P.

    2. Samiel   0/1 P.

4. Nenne zwei Szenen aus dem Stück „Die Moldau".

    1. Bauernhochzeit   0/1 P.

    2. Die Quellen   0/1 P.

5. Nenne die drei wichtigsten Instrumentenfamilien, die im klassischen Orchester vorkommen, und schreibe je zwei Instrumente aus der Familie auf.

Instrumentenfamilie	Instrumente	
Streichinstrumente	1. **Violine** 2. Kontrabass	2/3 P.
Blechblasinstrumente	1. **Trompete** 2. **Horn**	3/3 P.
Holzblasinstrumente	1. **Querflöte** 2. **Klarinette**	3/3 P.

B2.4 Musik kann etwas erzählen (4. Kl.) – Leistungsbeurteilung

6. Wie heißt das Instrument, das du jetzt hörst? (HB 27)

<u>**Oboe**</u> 2/2 P.

7. Wie hat der Komponist Joseph Haydn den Aufgang der Sonne in seinen Noten musikalisch dargestellt? Beschreibe dies mit deinen Worten.

<u>**Die Noten gehen schrittweise nach oben.**</u> 3/3 P.

Erreichbare Punktzahl:	20 P.
Deine Punktzahl:	**16 P.**
Zusatzpunkte:	**1 P.**
Deine Gesamtpunktzahl:	**17 P.**
Note:	**1**

B2.4 Musik kann etwas erzählen (4. Kl.) – Leistungsbeurteilung

Lernzuwachs in Punkten	Zusatzpunkte
1–4	1
5–8	2
9–12	3
13–16	4
17–20	5

Punkteverteilung	Note
20–17	1
16–14	2
13–11	3
10–8	4
7–0	5

Abschließende beispielhafte Leistungsbeurteilung unter Berücksichtigung des Lernzuwachses:

Lernstandserhebung: 12 P.
Lernkontrolle: 16 P.
Lernzuwachs: 4 P.
Zusatzpunkte: 1 P.
Gesamtpunktzahl: 16 P. + 1 P. = 17 P.
Note: 1

B2.5 Musizieren nach Notation (4. Kl.) – Lernstandserhebung

Name: _____ Klasse: _____ Datum: _____

1. Schreibe die Namen der Notenwerte und Pausen auf.

_____   _____

_____   _____   ___ /4 P.

2. Zeichne die Taktstriche an den richtigen Stellen ein.

___ /4 P.

3. Mit welchem Stabspiel kannst du die höchsten Töne spielen?
_____   ___ /2 P.

4. Bei welchem Stabspiel verklingen die Töne am schnellsten?
_____   ___ /2 P.

5. Nenne drei Töne, die auf dem Stabspiel nebeneinander liegen.
_____   ___ /3 P.

B2.5 Musizieren nach Notation (4. Kl.) – Lernstandserhebung

Name: _____ Klasse: _____ Datum: _____

6. Nummeriere die Linien und Zwischenräume des Notensystems.

___ /4 P.

7. Bestimme die Taktarten der beiden Musikstücke, die du jetzt hörst. (HB 28)

1. _____ ___ /3 P.

2. _____ ___ /3 P.

Erreichbare Punktzahl:	25 P.
Deine Punktzahl:	

B2.5 Musizieren nach Notation (4. Kl.) – Unterrichtseinheit

Die Lernabschnitte im Überblick:
1. Mit Stabspielen musizieren
2. Die Töne kennen
3. Das Notensystem verwenden
4. Kleine Melodien auf Stabspielen musizieren
5. Melodien erfinden und spielen
6. Mit Dreiklängen ein Lied begleiten

1. Lernabschnitt: Mit Stabspielen musizieren
- Die Namen der Stabspielfamilien sowie deren Stimmlagen werden wiederholt.
- Die Schüler spielen Rhythmen und kleine Tonfolgen nach Gehör (Anfangston angeben!).
- Der Lehrer spielt vor, die Schüler imitieren.
- Der Lehrer zeigt mit seiner Hand Töne an (die Finger einer Hand bezeichnen die auf dem Stabspiel nebeneinander liegenden Töne c d e f g bzw. d e f g a), die Schüler spielen die entsprechenden Töne.
- Dreiklänge werden gespielt: Töne 1 (Daumen), 3 (Mittelfinger), 5 (kleiner Finger).

2. Lernabschnitt: Die Töne kennen
- Die Schüler spielen alle Stäbe vom tiefsten bis zum höchsten Ton.
- Der Lehrer nennt verschiedene Töne, die die Schüler spielen.
- Die Schüler probieren das Oktavenspiel (c^1–c^2, d^1–d^2, e^1–e^2, …) aus.
- Der Lehrer fragt Töne ab, z. B.: „Wie heißt der Ton links neben f?"
- Auf einer Folie wird die Tastatur (KV 14, S. 74) gemeinsam beschriftet.
- Die Schüler markieren und spielen Dreiklänge.

3. Lernabschnitt: Das Notensystem verwenden
- Mithilfe einer gekippten Tastatur (KV 15, S. 74) benennen die Schüler die 5 Linien und 4 Zwischenräume des Notensystems.
- Der Lehrer nennt verschiedene „Notenwörter" (z.B. a – f – f – e), die Schüler suchen und spielen sie auf ihren Stabspielen. Es folgt ein Ratespiel.
- An der Tafel werden alle Töne, die das Stabspiel enthält, im Notensystem aufgeschrieben.
- Der Lehrer erklärt den G-Schlüssel (= Violinschlüssel).
- Gemeinsam werden verschiedene Liedanfänge (KV 16, S. 75) auf den Stabspielen musiziert.

4. Lernabschnitt: Kleine Melodien auf Stabspielen musizieren
- Die Schüler ergänzen die Notennamen der sechs kleinen Melodien auf dem Arbeitsblatt (KV 17, S. 76).
- Die Schüler üben die einzelnen Melodien, evtl. in Gruppen.
- Die einzelnen Melodien werden zu einem Musikstück zusammengefügt.
- Die Klasse musiziert das Musikstück gemeinsam.

B2.5 Musizieren nach Notation (4. Kl.) – Unterrichtseinheit

5. Lernabschnitt: Melodien erfinden und spielen
- Der Lehrer gibt vier Töne vor, die Schüler erfinden damit kurze Melodien und spielen sie.
- Die Schüler erfinden eine Tonfolge mit dem Schlusston f.
- Die Ergebnisse werden vorgespielt und ins Notenheft eingetragen.

6. Lernabschnitt: Mit Dreiklängen ein Lied begleiten
- Der Dreiklang als 1., 3. und 5. Ton einer Tonreihe wird wiederholt.
- Der Lehrer spielt verschiedene Dreiklänge vor, die Schüler imitieren.
- Der Lehrer spielt Dreiklangstöne als Zusammenklang vor, die Schüler imitieren.
- Die Schüler spielen zwei Dreiklänge im Wechsel (d – a – f und c – e – g).
- Gemeinsam wird das Lied *Der Ritter Giselher* (KV 18, S. 77) gesungen.
- Die Schüler begleiten das Lied mit den geübten Dreiklängen.
- Die Schüler beschriften eine Liedmelodie mit Dreiklangstönen (KV 19, S. 77).

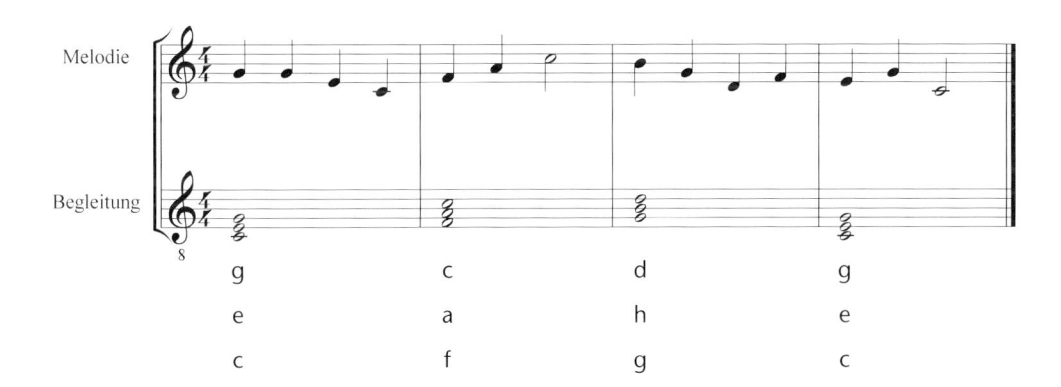

Melodie				
Begleitung	g / e / c	c / a / f	d / h / g	g / e / c

B2.5 Musizieren nach Notation (4. Kl.) – Unterrichtseinheit

KV 14

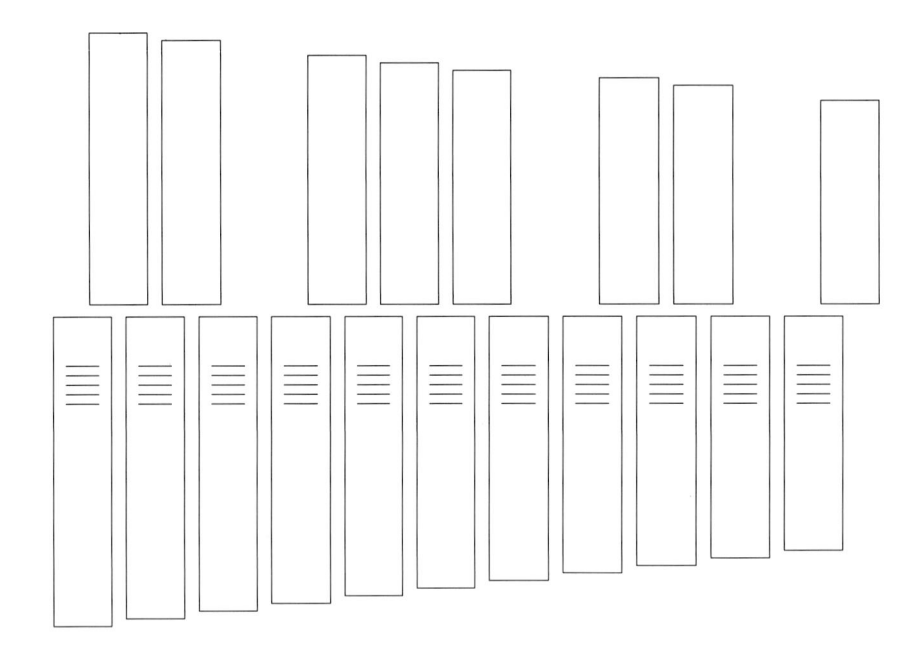

Tastatur

KV 15

Tastatur mit Notensystem

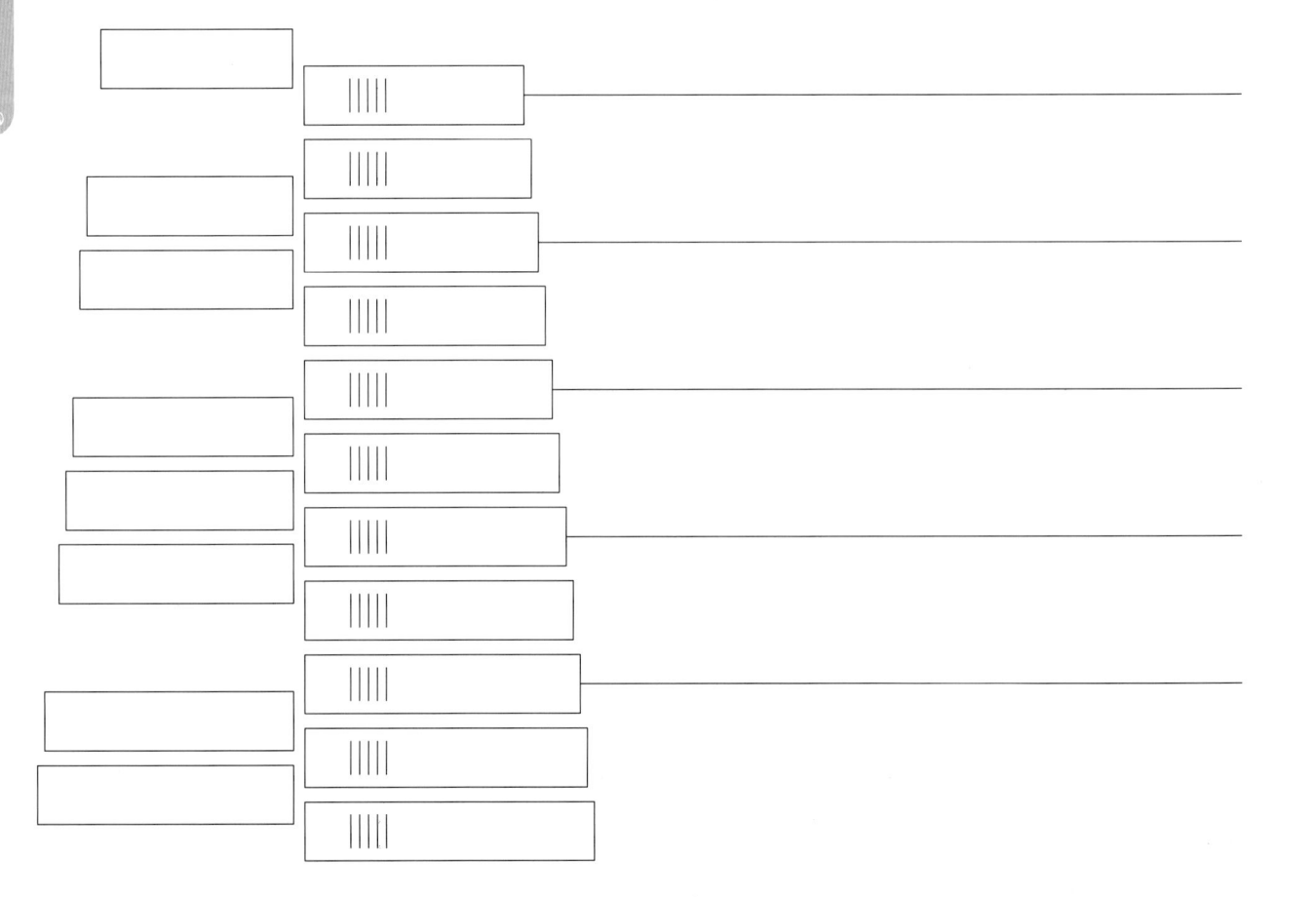

74 B Praxis der Leistungsmessung und -beurteilung

B2.5 Musizieren nach Notation (4. Kl.) – Unterrichtseinheit

KV 16

Liedanfänge

Ist ein Mann in Brunn' gefallen

Ist ein Mann in Brunn' ge- fal- len, hab ihn hö- ren plum- sen.

Das Pizzalied

Ei- ne schö- ne gut-ge-back-ne run- de Piz- za, ei, wie ich da- hin ge- flitzt war.

Trat ich heute vor die Tür

Trat ich heu- te vor die Tü- re, sap- per- lot, was sah ich da?

If you're happy

If you're ha- ppy and you know it, clap your hands, if you're ha- ppy and you know it, clap your hands,

Bruder Jakob

Bru- der Ja- kob, Bru- der Ja- kob. Schläfst du noch? Schläfst du noch?

Zwei lange Schlangen

Ei- ne klei- ne Schla- nge wird früh am Mor- gen wach.

Was soll das bedeuten

Was soll das be- deu- ten? Es ta- get ja schon?

Der Hahn ist tot

Der Hahn ist tot, der Hahn ist tot.

Ihr Kinderlein kommet

Ihr Kin- der- lein kom- met, oh kom- met doch all.

B Praxis der Leistungsmessung und -beurteilung

B2.5 Musizieren nach Notation (4. Kl.) – Unterrichtseinheit

KV 17

Musizieren mit Tönen und Melodien

B2.5 Musizieren nach Notation (4. Kl.) – Unterrichtseinheit

KV 18

Der Ritter Giselher

Text: Ulrike Meyerholz
Melodie: Werner Beidinger
© bei den Autoren

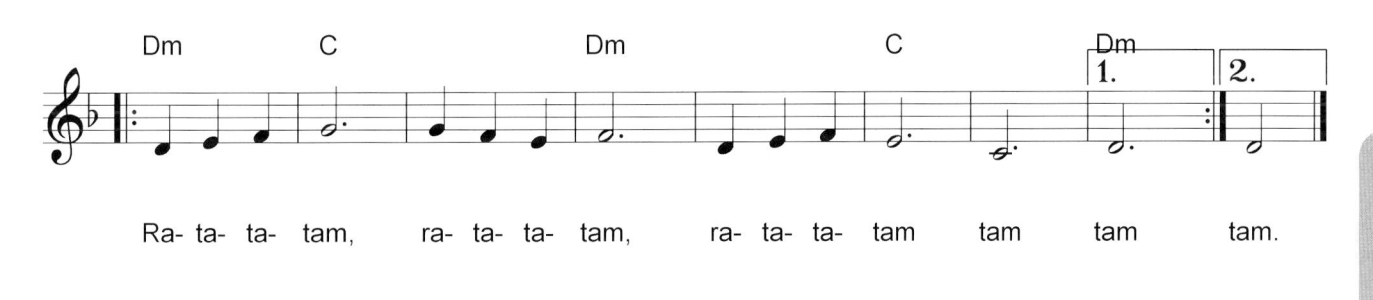

1. Vor et- wa tau- send Jah- ren war's, es ist schon lan- ge her,
   da leb- te auf der Star- ken- burg der Rit- ter Gi- sel- her.

Ra- ta- ta- tam, ra- ta- ta- tam, ra- ta- ta- tam tam tam tam.

KV 19

Dreiklänge

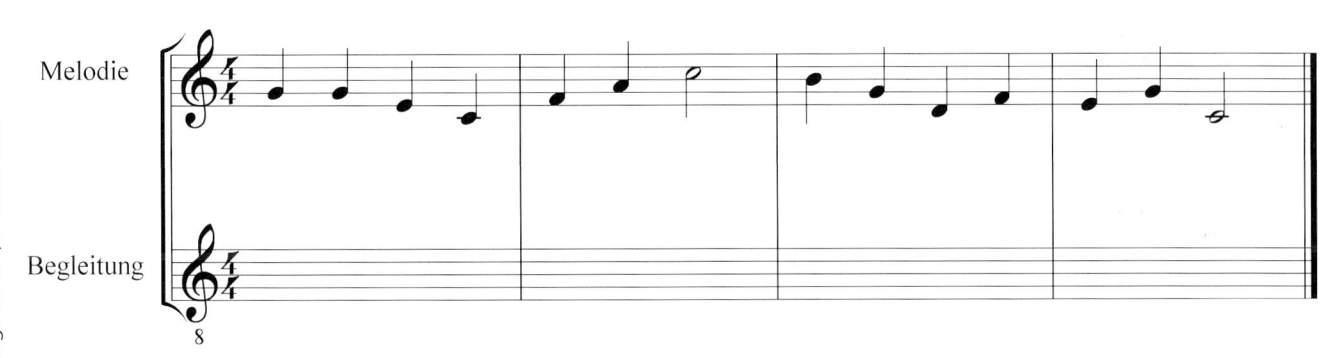

Melodie

Begleitung

B2.5 Musizieren nach Notation (4. Kl.) – Lernkontrolle

Name: _____ Klasse: _____ Datum: _____

1. Zeichne die Taktstriche an den richtigen Stellen ein.

___/2 P.

2. Ergänze am Anfang des Liedes die Taktart.

___/1 P.

3. Schreibe die Noten in das Notensystem.

___/4 P.

a   d   g   c (hoch)   f   e   c (tief)   h

4. Markiere auf der Tastatur die Töne von zwei Dreiklängen und schreibe die Notennamen darunter.

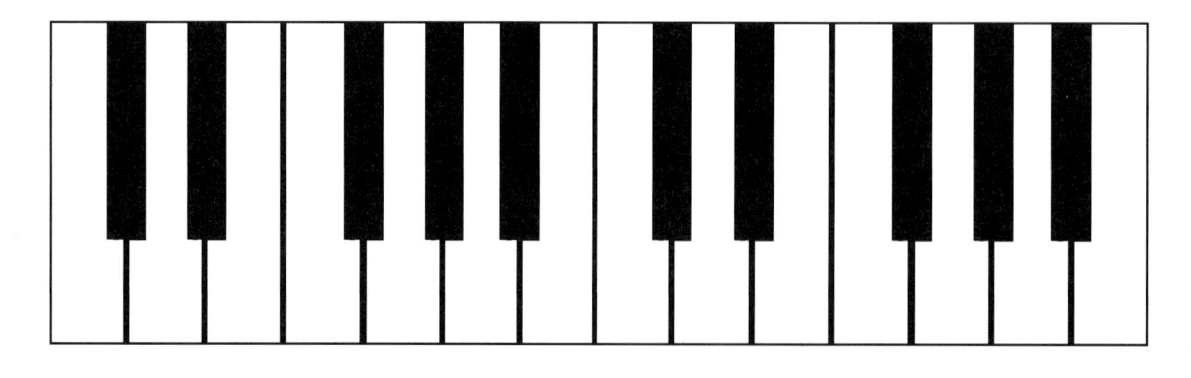

___/6 P.

B2.5 Musizieren nach Notation (4. Kl.) – Lernkontrolle

Name: _____ Klasse: _____ Datum: _____

5. Schreibe zwei Dreiklänge in das Notensystem und nenne ihre Töne.

   Dreiklang 1   Dreiklang 2

   _____ ___/6 P.

6. Ergänze die richtigen Dreiklänge zu dieser Melodie.

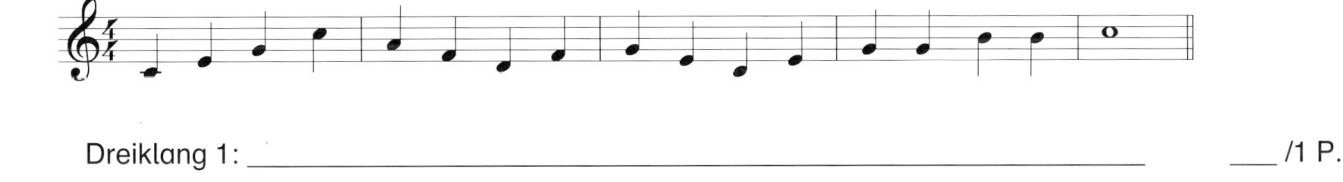

   Dreiklang 1: _____ ___/1 P.

   Dreiklang 2: _____ ___/1 P.

   Dreiklang 3: _____ ___/1 P.

   Dreiklang 4: _____ ___/1 P.

7. Du hörst jetzt zwei Musikstücke. Welche der beiden Begleitungen passt besser zu der Melodie? Nr. 1 oder Nr. 2? (HB 29)

   _____ ___/2 P.

Erreichbare Punktzahl:	25 P.
Deine Punktzahl:	
Zusatzpunkte:	
Deine Gesamtpunktzahl:	
Note:	

B Praxis der Leistungsmessung und -beurteilung

B2.5 Musizieren nach Notation (4. Kl.) – Leistungsbeurteilung

Beispiel-Lösung zur Lernstandserhebung (S. 70 f.)

1. Schreibe die Namen der Notenwerte und Pausen auf.

   <u>   Halbe   </u>   <u> Viertelpause </u>

           <u>   Achtel   </u>   <u>   Viertel   </u>   4/4 P.

2. Zeichne die Taktstriche an den richtigen Stellen ein.

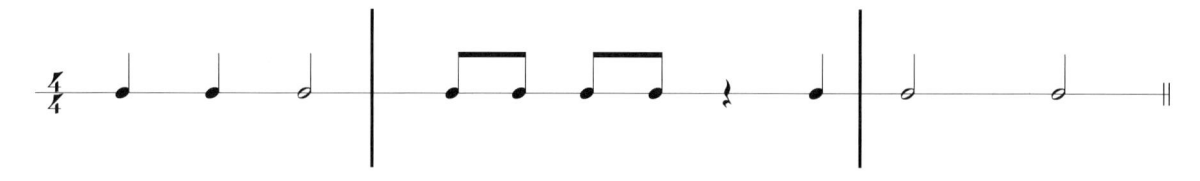

   4/4 P.

3. Mit welchem Stabspiel kannst du die höchsten Töne spielen?

   <u>Glockenspiel</u>   0/2 P.

4. Bei welchem Stabspiel verklingen die Töne am schnellsten?

   Xylofon   2/2 P.

5. Nenne drei Töne, die auf dem Stabspiel nebeneinander liegen.

   <u>f g a</u>   0/3 P.

B2.5 Musizieren nach Notation (4. Kl.) – Leistungsbeurteilung

6. Nummeriere die Linien und Zwischenräume des Notensystems.

5		4
4		3
3		2
2		1
1		

4/4 P.

7. Bestimme die Taktarten der beiden Musikstücke, die du jetzt hörst. (HB 28)

1. 2/4 _____ 0/3 P.

2. 3/4 _____ 0/3 P.

Erreichbare Punktzahl:	25 P.
Deine Punktzahl:	**14 P.**

B2.5 Musizieren nach Notation (4. Kl.) – Leistungsbeurteilung

Beispiel-Lösung zur Lernkontrolle (S. 78 f.)

1. Zeichne die Taktstriche an den richtigen Stellen ein.

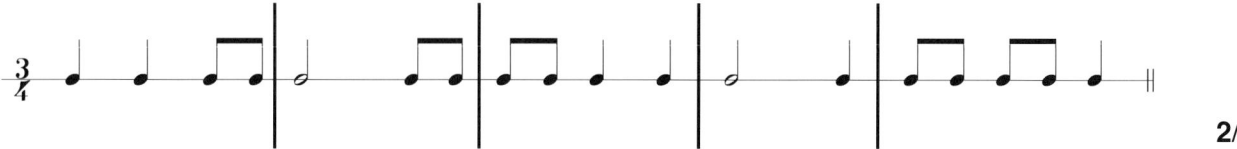

2/2 P.

2. Ergänze am Anfang des Liedes die Taktart.

1/1 P.

3. Schreibe die Noten in das Notensystem.

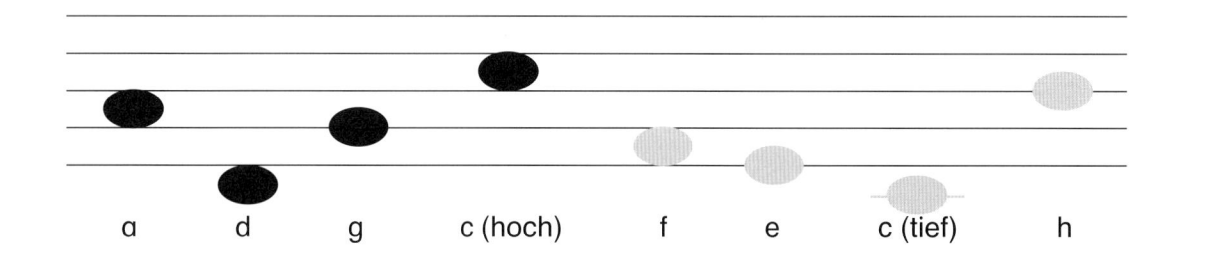

a   d   g   c (hoch)   f   e   c (tief)   h

2/4 P.

4. Markiere auf der Tastatur die Töne von zwei Dreiklängen und schreibe die Notennamen darunter.

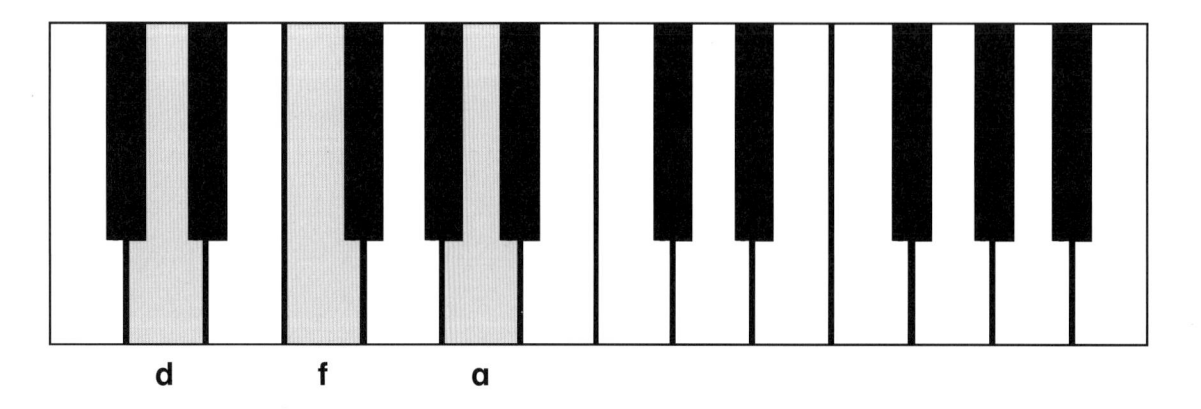

d   f   a

3/6 P.

B2.5 Musizieren nach Notation (4. Kl.) – Leistungsbeurteilung

5. Schreibe zwei Dreiklänge in das Notensystem und nenne ihre Töne.

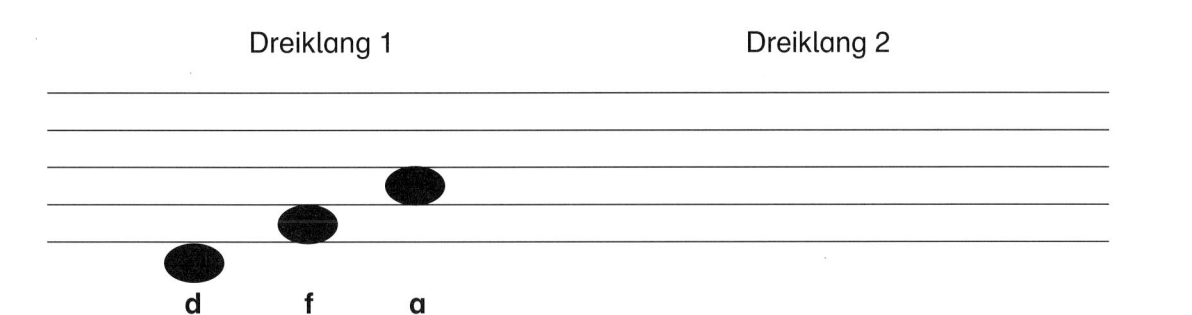

Dreiklang 1   Dreiklang 2

d   f   a

3/6 P.

6. Ergänze die richtigen Dreiklänge zu dieser Melodie.

Dreiklang 1: __c – e – g__   1/1 P.

Dreiklang 2: __d – f – a__   1/1 P.

Dreiklang 3: __c – e – g__   1/1 P.

Dreiklang 4: __g – h – d__   1/1 P.

7. Du hörst jetzt zwei Musikstücke. Welche der beiden Begleitungen passt besser zu der Melodie? Nr. 1 oder Nr. 2? (HB 29)

__Nr. 2__   2/2 P.

Erreichbare Punktzahl:	25 P.
Deine Punktzahl:	**17 P.**
Zusatzpunkte:	**1 P.**
Deine Gesamtpunktzahl:	**19 P.**
Note:	**2 P.**

B2.5 Musizieren nach Notation (4. Kl.) – Leistungsbeurteilung

Lernzuwachs in Punkten	Zusatzpunkte
1–5	1
6–10	2
11–15	3
16–20	4
20–25	5

Punkteverteilung	Note
25–21	1
20–16	2
15–11	3
10–6	4
5–0	5

Abschließende beispielhafte Leistungsbeurteilung unter Berücksichtigung des Lernzuwachses:

Lernstandserhebung: 14 P.
Lernkontrolle: 17 P.
Lernzuwachs: 3 P.
Zusatzpunkte: 1 P.
Gesamtpunktzahl: 17 P. + 1 P. = 18 P.
Note: 2

B3.1 Vorlagen zur Begleitung des Lernprozesses

Mein Lerntagebuch in Musik

	Das kann ich schon gut	Das gelingt mir immer besser	Da brauche ich noch Hilfe
Mit der Gruppe tanzen			
Zu einem Grundschlag exakt gehen			
Zu einer Musik etwas vortanzen			
Ein Lied fehlerfrei singen			
Ein Lied allein vorsingen			
Einen Rhythmus auf einem Instrument durchhalten			
Ein Lied rhythmisch begleiten			
Einen Rhythmus nachspielen			
Die einzelnen Töne auf einem Glockenspiel kennen			
Eine leichte Melodie nach Gehör nachspielen			
Rhythmusinstrumente am Klang erkennen			
Orchesterinstrumente voneinander unterscheiden und die Namen kennen			
Zwei Rhythmen als gleich oder verschieden erkennen			
Eine mehrmals wiederkehrende Melodie erkennen			
Zwei Teile eines Musikstücks als gleich oder verschieden erkennen			
Notenwerte und Pausen mit Namen kennen			
Die Notenwerte zu einem gehörten Rhythmus aufschreiben			
Einen leichten Rhythmus nach Noten spielen			
Eine leichte Melodie auf einem Glockenspiel nach Noten spielen			
Eine Melodie am Notentext mitzeigen, während sie erklingt			

Mein Lernvertrag

Ich, _____, verpflichte mich, folgendes Lernziel zu erreichen:

Ich will lernen, eine leichte Melodie auf einem Glockenspiel nach Noten zu spielen.

Ich bearbeite dazu diese Aufgaben:
- Ich merke mir die Namen von **jeweils** 3 Nachbartasten auf dem Glockenspiel (Material 1), z. B. e – f – g und spiele sie.
- Ich schreibe die Namen der Töne auf eine Papp-Tastatur (Material 2) und spiele sie.
- Ich nehme die Papp-Tastatur (Material 3) und schreibe alle Notennamen auf die Tastatur.
- Ich suche den Ton g auf der Tastatur und ziehe von dort eine waagerechte Linie bis zum Notensystem. Dort schreibe ich den Namen hin und kreise ihn ein.
- Ich suche Wörter, die ich auf dem Glockenspiel spielen kann, z. B. A – f – f – e.
- Ich spiele diese Wörter.
- Ich übertrage diese Wörter in das Notensystem.
- Ich nehme eine leichte Melodie (Material 4) und schreibe die Namen unter die Noten.
- Ich spiele diese Melodie.

Mein Lehrer stellt mir diese Materialien zur Verfügung:
- Ein Glockenspiel
- Eine Papp-Tastatur
- Eine Papp-Tastatur mit Notensystem
- Eine kleine Melodie

Ich will den Lernvertrag bis zum _____ erfüllen.

_____   _____
Ort, Datum   Meine Unterschrift

Unterschrift meines Lehrers: _____

Verzeichnis der Kopiervorlagen

Kopier-vorlage	Thema	Seite	Bezug zum Hörbeispiel auf CD
KV 1	Rhythmen	S. 25	
KV 2	Tarantella – Gestern an der Haltestelle	S. 26	HB 1
KV 3	Rhythmuspartitur	S. 26	
KV 4	Dieser Kuckuck, der mich neckt	S. 35	
KV 5	Zwei lange Schlangen	S. 36	HB 8, 12
KV 6	Zwei lange Schlangen – Einzelstimmen	S. 37	HB 9–11
KV 7	Der Kuckuck aus der Tiefe des Waldes und Der Hummelflug	S. 38	HB 13–14
KV 8	Mitspielsatz „Eine kleine Nachtmusik"	S. 48	HB 16
KV 9	Szene aus „Die Entführung aus dem Serail"	S. 49	HB 17
KV 10	2. Hornkonzert, 3. Satz von Wolfgang Amadeus Mozart	S. 50	HB 20
KV 11	Auszug aus der Wolfsschluchtszene (aus „Der Freischütz")	S. 61	HB 25
KV 12	Die Flusslandschaft in „Die Moldau"	S. 62	HB 26
KV 13	Beethovens „6. Sinfonie, 4. Satz: Gewitter"	S. 62	HB 24
KV 14	Tastatur	S. 74	
KV 15	Tastatur mit Notensystem	S. 74	
KV 16	Liedanfänge	S. 75	
KV 17	Musizieren mit Tönen und Melodien	S. 76	
KV 18	Der Ritter Giselher	S. 77	
KV 19	Dreiklänge	S. 77	

Verzeichnis der Dateien auf CD-Rom

Beobachtungsbögen für die Klassen 1–4

Lernstandserhebungen

Lernkontrollen

Lerntagebuch

Lernvertrag

Verzeichnis der Hörbeispiele

Hörbei-spiel	Titel	Bezug zur Kopiervorlage	Dauer
HB 1	„Tarantella – Gestern an der Haltestelle"	KV 2	2:44
HB 2	„Peter und der Wolf: Katze" von Sergei Prokofjew		0:12
HB 3	„Karneval der Tiere: Elefant" von Camille Saint-Saëns		0:35
HB 4	„Peter und der Wolf: Ente" von Sergei Prokofjew		0:15
HB 5	„Das Zookonzert: Der Marsch der Pinguine" von Erke Duit		0:23
HB 6	„Peter und der Wolf: Wolf" von Sergei Prokofjew		0:17
HB 7	Tiere: Pferd (Trompete), Kuckuck (Klarinette), Küken (Klavier), Bär (Klavier), Wolf (Horn)		1:17
HB 8	„Zwei lange Schlangen"	KV 5	1:51
HB 9	„Zwei lange Schlangen" – Bass	KV 6	0:30
HB 10	„Zwei lange Schlangen" – Begleitung	KV 6	0:40
HB 11	„Zwei lange Schlangen" – Melodie	KV 6	0:40
HB 12	„Zwei lange Schlangen" – Playback	KV 5	1:49
HB 13	„Karneval der Tiere: Der Kuckuck aus der Tiefe des Waldes" von Camille Saint-Saëns	KV 7	0:30
HB 14	„Der Hummelflug" von Nikolai Rimski-Korsakow	KV 7	0:29
HB 15	Tiere: Wolf, Pinguin, Elefant, Hummel, Känguru, Kuckuck		2:12
HB 16	„Eine kleine Nachtmusik" von Wolfgang Amadeus Mozart	KB 8	0:33
HB 17	„Die Entführung aus dem Serail" von Wolfgang Amadeus Mozart	KV 9	7:01
HB 18	Stimmlagen Mensch: Sopran, Alt, Tenor, Bass		4:01
HB 19	Stimmlagen Instrumente: Sopran (Violine), Alt (Bratsche), Tenor (Violoncello), Bass (Kontrabass)		2:42
HB 20	„2. Hornkonzert, 3. Satz" von Wolfgang Amadeus Mozart	KV 10	3:23
HB 21	Stimmlagen: Alt, Bass, Sopran, Tenor		3:57
HB 22	„Petruschka: Jahrmarktszene" von Igor Strawinski		1:11
HB 23	„Pacific 231: Fahrender Güterzug" von Arthur Honegger		1:01
HB 24	„6. Sinfonie F-Dur op. 68, 4. Satz: Gewitter und Sturm" von Ludwig van Beethoven		1:16
HB 25	„Der Freischütz: Die Wolfsschluchtszene" von Carl Maria von Weber	KV 11	5:35
HB 26	„Die Moldau" von Bedřich Smetana	KV 12	4:55
HB 27	„Konzert für Oboe und kleines Orchester D-Dur" von Richard Strauss		0:37
HB 28	Taktarten: 2/4-Takt („Die Moldau" von Bedřich Smetana), 3/4-Takt („Der Nussknacker" von Pjotr Tschaikowski)		0:59
HB 29	Zwei Begleitungen		0:38